JN111036

障害児教育福祉史の偉人伝
愛知の障害児者支援への尽力

小川英彦 著
Ogawa Hidehiko

三学出版

まえがき

　筆者は、三学出版から2014年に『障害児教育福祉の歴史―先駆的実践者の検証―』を幸いにも刊行することができた。その目的は、障害児のために真摯に取り組んだ人々の生き方やその思想や行動を深く掘りさげることで、現在の教育や福祉の問題を解決する方向を見出すことである。ここでは、明治期から昭和期にかけてと広い時期範囲で6人の先駆的実践者を選択して、第一次研究とした。

　2020年に『障害児教育福祉史の人物―保育・教育・福祉・医療で支える―』を続編として公にすることができた。第二次研究である。

　第一次研究と第二次研究に至る資料発掘、資料総括、原稿執筆の過程で、人物に関する研究では以下の諸点をさらに明らかにしなければならないという課題をもつことができた。

　第一に、人物を画きながら、しかも日本社会、地域社会をとらえなければならないという点である。実践が産み出される当時の社会背景や地域での成立要因に関する事柄である。それぞれの社会に由来する児童問題の時代特徴とでもいえよう。

　第二に、先駆的実践者には勇気があり信念がある。こうした内面がどのように支援の内容や方法に反映したかという点である。実践の根本的な思想を明確化する事柄である。

　第三に、時代を超えて貫流する特徴である。たとえ時代が違っても眼前の障害児や養護児への支援に不可欠な事柄、たとえば子ども理解、援助者の心構えの基本などについてである。

　第四に、数々の歴史上の人物との出会いが研究者の問題意識や関心を喚起し、研究の方向性を決定づけたりする点である。どのような分野で活躍した人物を選択するかという事柄とでもいえよう。

　こうした課題をもちながら、本書では、愛知で生まれ、同地域で障害

問題の解決に貢献・活躍した人物を調査の対象とした。中には、愛知で生まれたが、活動のフィールドを愛知以外の地域で実践した人物、愛知以外で生まれたが、活動のフィールドを愛知の地域で実践した人物も含まれる。筆者は、実践と理論の行き来こそが大切であると考えているので、実践者のみでなく、研究者も含めて先駆的実践者と称して調査することにした。

　構成は、障害問題解決で尽力した先駆的実践者を姓名の50音順にまとめてみた。人物の中には、最初は養護問題に対応していたが、次第に障害問題への対応をも尽力した人がいる。たとえば、わが国での障害児教育福祉の創始者である石井亮一が愛知を中心とした濃尾大地震で生じた震災孤児支援の「孤女学院」から白痴児（知的障害児）支援の「滝乃川学園」へシフトしたのが先進的でもあり象徴的でもある。愛知という地域で起こった自然災害が引き金になっているゆえに石井は本書で取り上げている。

　本書でひとり一人の調査を進めていくと結果的に、教育、福祉、医療、保育、心理といった専門分野で活躍した人を網羅することになった。今日では「連携」が強調されるように、これらの専門分野にはそれぞれ固有の役割はあるものの、支援を求めている子どもたちへの対応では、各々の分野がつながる事が有効であると言われる。

　「教育は人なり」「福祉は人なり」は、いつの時代にあっても真理である。私たちは、その「人」、とりわけ多くの先駆的実践者、先人が構築した理念、ビジョン、生き方など一つひとつから学びとらねばならない。なぜ、障害児の教育や福祉や医療が実践され、どのような思いで展開されたかについて、深く探求する必要がある。そこから今の時代に息づくものを、さらに根強く繁らせることになる。「故きを温ね、新しきを知る」（温故知新）という言葉があるように、過去の遺産から学ぶ利点は多い。教育福祉遺産という視点から歴史上の諸事実をとらえ直すことが求めら

れているともいえよう。

　過去、困難な状況の中で人々の生活と教育を守った多くの先人たちがいる。教育や福祉は制度や法律だけで語れるものではない。それを産み出し、実践し、あるいは実現のために努力した人物の存在は重要である。子どもたちの生活、発達を保障する実践は、制度や政策によって外的に規定されたものとして把握するだけでなく、実践の方法や内容への反省から生起する。

　本書において、先駆的実践者の幾人かから導かれるのは、子どもの置かれている状況把握によって子どもの発達の可能性を限定してしまうのではなく、むしろ、生活や発達を保障するという見地から、子どもたちの獲得すべき生活力、学力、人格を明らかにし、そのために整備すべき教育や福祉の方法や内容を構築していくという考え方である。

　加えて、子どもたちのみならず、保護者を支える重要さである。地域やライフステージで支援する重要さである。この点は、2007 年 4 月から始まった特別支援教育の理念に相通じるものがある。先駆的実践者が時代を先どって試みていた証でもある。

　今日、教育と福祉をめぐっては、「インクルージョン」が叫ばれる時代になってきた。「ダイバーシティ（多様性）」の中で、障害児、発達障害児、病弱児、アレルギー児、外国にルーツのある子ども、貧困環境下の子ども、虐待にあっている子どもなど、対象となる子どもたちへの対応で、教育、福祉、医療、保育、心理などの分野が密に連携していくことが強く望まれている。特別なニーズをもつ子どもたちへの教育（SNE:Special Needs Education）が広がってきている。大きく変動している時代であればあるほど、歴史を紐解き、先駆的実践者の業績に学びつつ、将来を展望することが大切なように思われてならない。

　本書は、書名にも表れているように、教育と福祉を繋げてとらえていくことを基本の視座としている。それは、障害児はもちろんのことすべ

6

ての人間が、この両分野を通して生涯発達していくはずだからである。そして、今回は愛知という地域で展開された実践を取り上げている。地域で支える、地域における連携こそこれからの教育と福祉の進展すべき方向性だからである。ひとつの地域ではあるものの、そこには障害児教育福祉の現状を分析し、評価し、将来の展望を構築していく重要な課題がある。そのために過去の経緯を熟知し、歴史をよりよく理解し、今後の障害児教育福祉を一層促進し得るようになればと思うばかりである。

著者

目　次

＊ 人物編の順序は姓名の 50 音順とした

資料編

人 物 編

≪わが国の知的障害児支援の創始者≫

石 井 亮 一
(1867 ～ 1937)

　石井亮一は佐賀水ケ谷の生まれであるが、事業をみれば1891年に起きた濃尾大地震が契機になっている。愛知を中心に突然生じた孤児問題から知的障害児問題への対応に移っている。よって、わが国の知的障害教育福祉の創始者として取り上げることとした。

　立教女学校の教頭在任中に濃尾大地震が起こり、家庭を失った女児が醜業者に人身売買され、転落していくことに大きな衝撃を受けた。看過できず、「普通の女子教育には世間その人あり、余はそれらの不幸なる少女を引き取り家庭教育と学校教育の調和を計らん」(日本精神薄弱者愛護協会『石井亮一伝』)として、20余名の孤女を引き取り1890年12月に東京下谷西黒門町の萩野吟子医院を仮校舎として「聖三一孤女学院」を開設した。

　目指したのはペスタロッチ主義である。当時の孤児救済団体は6歳以上の入所が一般的だったが、聖三一孤女学院は幼児から対象としていた点に特徴がある。当時、岡山孤児院の施設長であった石井十次と名古屋で会ったことを契機に、3つの定則を掲げた。(『女学雑誌』301号)

　対象とした孤女の中の、太田徳代という「白痴児」の指導にあたることになったのが、知的障害児支援の始まりである。石井はそれゆえに教育方法の樹立のために1896年にアメリカに渡った。当時のアメリカでは、フランスからアメリカに来ていたエドワード・セガンが主導する生理学的教育法によって、知的障害児への教育が可能となることが証明されていた。石井は、セガンの未亡人から学んだほか、ヘレン・ケラーとも会った。約7ケ月の渡米中に、代表的な知的障害児の学校を訪問するなど、最先端の教育現場や文献から知的障害についての知識を学んだ。

1904 年に体系的専門書として刊行された『白痴児、其研究及教育』は、海外の研究の吸収とわが国への適用という成果である。

　1896 年に帰国した石井は、「白痴児教育部」を計画し、翌年 1 月の『基督教新聞』に「白痴」女児募集広告を大須賀亮一の名前で載せている。募集条件は 12 歳以下の「白痴」の女児とした。1897 年に学園名を「孤女学院」から「滝乃川学園」に改称した。最初は 5 〜 6 名の女児でスタートしたが、1899 年の入園児は男子 3 人と女子 1 人であり、男児の受け入れを可能としている。1901 年には 200 人を超える希望児が殺到した。この後、滝乃川学園は孤児を新たに受け入れることをやめて、本格的に知的障害児支援へと再出発している。2 度目の渡米研修を実施しており、その意気込みが感じられる。

　学園では「白痴」を対象とした特殊教育部のほかに、震災孤女への女子教育も行われ、学齢児には初等、中等教育を行い、中等修了者には保母養成部にて、知的障害児に関する特殊の教育及取扱法を学ばせ、卒業後の自立に繋げる構想を展開した。この女子教育は静修女学校校長、華族女学校仏語教師であった渡辺筆子が担当した。筆子は男爵渡辺清の長女として 1861 年に長崎大村に生まれた。1880 年に小鹿島果と結婚し 3 人の女児を授かるが、長女の幸子は「白痴」、次女の恵子は病弱で亡くし、三女の康子も同様の病弱であり、この頃の筆子の悲しみはいかばかりであっただろうか。さらに、1892 年に夫は肺結核で帰らぬ人となった。

　石井は学園の経営難から静修女学校で教鞭をとっていたこと、互いが聖公会のクリスチャンであることから、学園の支援者、園児の保護者であった筆子と 1903 年に麹町聖愛教会で結婚した。筆子の内助を得て、まさしく二人三脚で石井の事業は発展していくことになる。

　この頃の障害児教育方法について、前述の『白痴児其研究及教育』をながめてみると、「生理学上の原則を応用したる器械と方法とによりて、健全なる児童の成長発育する順序を追ひ、以て其微弱なる身体と精神と

に、有意的感化を加ふる、の謂ひなり」と説明している。これは先述した
ヤガンの生理学的教育法を取り入れ、「児童の運動、知覚、反射、自
発的活動等の諸機能を発達」させるために「生理学上の原則を応用した
る方法と器械」を用い「五感の訓練」を行うというものである。

　加えて同書は、「白痴」がすべて遺伝に起因するという原因論に批判
的見解であり、遺伝説を否定するためにかなりのスペースをさいて、病
理学的視点と教育学的視点の両方から「白痴」を分類している。後者の
視点から障害児教育方法を考案しており、言語の教練、覚官の教練、実
物教授、幼稚園、算術、読方教授、訓練を柱立てて、実際の方法が述べ
られその教育効果が大きなことが力説されている。

　基本的な発想は「精神の発育を障礙せられたる児童の教育保護につき
ては仏蘭西語のメディコペダゴヂック（治療教育）こそ、最も能く其意
を言明するものと云うべく、実に其進歩発達は、教育と医療と看護との
協力によって、初めてこれを見るを得べきなり」としている。

　1906年に学園は滝野川村から北豊島郡西巣鴨村庚申塚に移転した。
1908年の第1回感化救済事業講習会での「白痴児教育の実験」と題した
講演では、「白痴」の状態を、身体発育の状態、運動の状態、精神の状態、
感覚の状態、記憶、本能、言語の特性から取り上げて従来の見解に加え
ている点が特徴である。「脳をして益々健全ならしむる」と教育の可能
性を強調している。「精神発達の障害と身体発育の制止とは相伴ふ」と
心身の相関関係にも言及しているが、これは「痴児ニ就テ」（『児童研究』
第12巻第10号、1909年）での長年に及ぶ実態調査に基づいていた。

　石井は1918年に東京府に設置された児童鑑別委員会の委員に高島平
三郎らと共に委嘱されている。同年に発表された「白痴教育発達史」（中
央慈善協会『精神異常者と社会問題』）によると、「児童各個の精神状態
を研究して、その特異なる性質並びにその能量を研究して、その現状を
知ると共にその将来に於ける発達の程度をも予定し、かくて得たる事実

を基礎として」こそ、初めて科学的な障害児教育方法が生みだされるという学問の信念を深化していっている。この研究姿勢から、児童一般の心理を問題とする教育心理学ではなく、臨床心理学であったことがわかる。

　1920年に園児の失火により園児6名が死亡する事故が起き、石井夫妻は責任を感じて学園の閉鎖を決意するが、貞明皇后をはじめ、心ある人々からの激励と義援金を贈られ、事業の継続を決意する。事業の安定のため財団法人化し、財界からは渋沢栄一が支援に乗り出した。ただ、財団法人認可後も財政は厳しく、昭和恐慌の影響下で莫大な負債を抱え、第3代理事長の渋沢も没し、学園運営はさらなる難局を迎えた。

　火災後、児童研究も再開され、東京府は小石川鑑別所を発展させて児童研究所とする構想をたて、1920年には学園の児童研究所に東京府代用児童研究所を併置した。ここでは、東京府下の要保護児童の診断と相談を行った。これをまとめたのが『東京府(代用)児童研究所報告』である。1919年、1920年に発表された「白痴低能児の処遇に就て」(『東京府慈善協会報』第7号)では、「精神薄弱」の用語をかなりの頻度で使用している。これまでの白痴、痴愚、魯鈍の3つの程度に中間児を加え、それらを包括する概念として使うようになっている。

　1928年の谷保への移転は、16歳以上の園生が3分の2を占めるようになり、付属の農園設置構想を実現するためであった。石井の功績は高く評価され1928年に勲六等瑞宝章が授けられた。1934年に現在の日本知的障害者福祉協会の初代会長に就任した。

【参考文献】
- 津曲裕次『シリーズ　福祉に生きる51　石井亮一』、大空社、2009年。
- 小川英彦「石井亮一の知的障害児教育福祉思想に関する歴史研究」(愛知教育大学幼児教育講座『幼児教育研究』、第12号、2005年)。

≪統合保育の先駆け　ひかりの家の設立≫

伊藤寿美ゑ
（すみゑ）
(1925 ～ 2014)

　1925年に設楽で生まれる。1958年に母親としての子育てが一段落した頃、愛知県の保健婦学校を卒業し、国家試験は合格したものの自分の希望する働き先がなく、たまたま欠員のあった刈谷保健所に赴任して活動が始まる。そこで、未熟児として届け出のあったY君宅へ家庭訪問した。発育が悪く、笑うこともしない、赤ちゃんらしい声も出ないY君に対して、伊藤は施設での療育が必要と考え、滋賀県大津市にあった重症心身障害児施設であるびわこ学園（岡崎英彦園長）に1964年に入園させる。この時、園長の岡崎は「まさか、あなたが子どもをおぶって来るとは思っていなかった。私は子どもを見ると弱いんだ」と驚いたという。20年後にふりかえって「果たして当時私のしたことがよかったのだろうか」と自問しているものの、当時は、保健師の仕事ではなく、個人として止むにやまれぬ行為、夢中での行動であった。

　保健師時代の1964年には、全国肢体不自由児の療育研究会での発表のため、刈谷、碧南、知立、高浜を対象とした障害児の調査を行った。そこでは、放置されたり、物置に入れられたりする子どもたちの実態をみて、せっかく生まれたのだから楽しい思いもしなくてはいけないということから、子どもたちを屋外に出すための運動を、刈谷ロータリークラブやライオンズクラブとともに行った。このとき「こうした家庭の苦しみや、悩みを少しでも解決していく方法はないものか。障害児に対して生きている幸せを与えていくことはできないものか」と悩んだ。その上で、「施設不足、政治の貧困とか言ってみたとて早急にこの問題は解決しそうもありません。今こそ私たちは、自分たちにできるかぎりの温かい手を障害児にさしのべることが必要であると思う。健康に恵まれた私たちのなすべき社会的義務だと信じる」と述べて、刈谷地区障害児者

を守る会の設立への賛同を訴えている。

　1965 年 9 月に守る会の設立総会が民生委員、保健師、保健所の医師たち 16 人の会員数でスタートしている（多いときは 2,500 人の会員を数えた）。当事者（障害児とその家族）ではないメンバーで立ちあがった点に特徴があろう。同会は、その 3 年前に始まった 200 円貯金の輪が次第に広がり設立へと繋がった。訪問活動で発見した Y 君以外にも、在宅の重症児はいるはずと考え、検診に連れて行ったり、日用品を贈ったりする活動から始めた。

　そして、刈谷手をつなぐ親の会による通園施設設置運動への協力を続けながら、「どの子も生まれてきてよかった」という思いがかなえられるように願って始めた一日保育が、1968 年からあちこちの場を借りて開始され、多いときは 20 人以上の子どもの参加があった。

　1973 年、刈谷市原崎町に糸賀一雄の「この子らを世の光に」という名言から名づけられた「ひかりの家」が設立された。当初は、障害児の生活指導と療育指導の場として出発した。「障害児に入所施設は要らない。親や社会から捨てられるだけ」として、全国的にも当時はなかった障害児と健常児の統合保育の先駆けとなった。通う子ども 55 人のうち 15 人は健常児であった。どの子も受け入れる、誰もが安心して暮らせる地域づくり発想である。1980 年に保健所を退職した伊藤はひかりの家の職員になり、母乳指導や食生活指導も手がけるようになった。1983 年からは現在の小山町へ移転した。毎日保育に切り替えるとともに、斎藤公子の先駆的保育実践に取り組んだりした。保健師が一人の人間である、ボランティアとして活動、多くの人に輪をつなぎ市民の運動となり、行政を動かし障害児を守った。2010 年に緑綬褒章を授与され、皇居豊明殿で天皇より拝謁の栄をいただく。

【参考文献】
•　刈谷地区心身障害児者を守る会「ひかりの家について」

≪あさみどりの会での啓蒙活動・さわらび園初代園長≫

伊藤方文
_{みちふみ}

(1910 〜 1979)

1910 年に生まれ、愛知県第一師範学校専攻科を卒業。

1957 年に子どもの教育問題について社会啓蒙運動を始める。1969 年に受賞した「キワナス社会公益賞」賞状に、「昭和 32 年以来社会の啓蒙につとめ」とあることから、同年があさみどりの会の始まりとされる。伊藤と心身障害児との出会いは、当時「青少年の精神衛生の問題」をいっしょに考えていた仲間の長沼兵三が特殊学級の担任になったことである。この子らの幸せを考えていくことはすべての人の幸せに繋がることがらであるという考えのもとに、障害児（者）に焦点をしぼって教育・福祉の活動を開始することになった。その先駆的な実践に共感した多くの人々の参加によって、あさみどりの会が発足した。

その後、障害児問題に取り組む「青い空」グループと交流し、会誌『あさみどり』を発刊（1976 年 12 月発行の 39 号まで）。1968 年に第 1 回「心身障害問題を考える集い」（朝日新聞名古屋厚生文化事業団と共催、以後毎年 1 回開催）を実施し、第 1 回「障害児問題研修旅行」（1979 年まで 22 回実施）を継続した。

会員が約 400 人に達したのを機に社団法人化し、心身障害児のためのボランティア療育援助研修会を開始した。また、1969 年に北区の聖心教会の一室を借りて、障害幼児の集団療育と親の療育相談を実施した。

1972 年に社会福祉法人を設立（初代理事長に堀要就任）、知的障害児母子通園施設「さわらび園」を千種区新池町に開設した。その後、機関紙「療育援助〜心身障害児（者）のためのボランティア活動〜」を創刊した。同園を作った動機は、障害児の療育はもとより、時代のニーズに的確に応えていく活動の拠点の確保にあった。活動の大きな柱を、社会啓

発、障害児・者支援、家族の相談・教育、支援者養成として、ボランティアグループや社団法人時代に行ってきた、制度の枠内に収まらない事業も、社会福祉法人設立当初から展開した。1975 年にさわらび園長に島崎春樹が就任し、伊藤は中区上前津のあさみどりの会連絡事務所を開設した。

　実際に親の会の人たちと交流し、教育・福祉・医療の場に足を運び、障害児（者）の社会に置かれている実情がわかるにつれ、あまりにも不備で貧しい行政施策に苛立ちを募らせた。また、この子・この人たちが全く社会に知られていないことに気づき、寄附金をもとにまずは記録映画の作製と上映、講演会やシンポジウムの開催、出版活動などの社会啓蒙活動を手掛けた。

　映画の脚本兼監督作品には、『あなたはご存知ですか－精神薄弱の原因と早期発見－』『ひろがれ愛の波紋』『この子らを世の光に』『そっちやない、こっちや　コミュニティケアへの道』がある。1968 年完成の『この子らを世の光に』では、伊藤は糸賀一雄の「この子らを世の光に」の言葉に出会い、改めて心身に障害のある人たちの存在の意義と、人間の尊厳について深い示唆を受け、あさみどりの会は「この子らを世の光にすること」を目標として取り組むこととなる。どんなに重い障害をもっていても、その一人ひとりの人格を尊重し、その心を聴きながら丁寧に支援していくことや、その関わりを通して、福祉の心を育み、障害のある人の存在が明るい社会を作っていくことに繋がることを伝える法人の原点とも言える映画であろう。1982 年完成の『コミュニティケアへの道』は、愛知県知多市の療育グループの記録であるが、障害者や親たち、グループが一体となって作業所ポパイノイエを作りあげていく様子を通して、障害者にとってのコミュニティケアとは何かを訴えている。

　単書には、『この子らと－あるボランティアの心象－』（相川書房、1977 年）、共著には、『カメラ・ルポ精神薄弱その１－明日を待つ子

たち―』（1964 年、あさみどりの会）、『その２―教室の小菩薩たち―』
（1965 年、あさみどりの会）、『その３―働く愉快な仲間―』（1966 年、
あさみどりの会）、『心身障害児の療育援助のために』（1969 年、あさみ
どりの会）がある。

　また、活動を進める中で、重い障害児を抱えて公的援助を全く受けら
れないで困っている人が多くいることがわかってきた。当時の独自の調
査で判明した分だけでも名古屋市内で 385 名という結果もあるくらい
で、国や自治体に訴えてもいっこうに進展しない。では今目の前にいる
この子はどうなるのか。行政施策に欠陥があるなら自分たちで補うしか
ないと考えた。財源の裏づけは全くないため、有志からの僅かな寄附金
をもとに「心身障害児のためのボランティア療育援助研修会」を開講し、
ボランティアを養成して、在宅障害児（者）の支援を補完するためにボ
ランティアを家庭に派遣する「家庭療育援助活動」を開始した。

　さらに、保育所や幼稚園にも入れてもらえない子どもたちは、人生に
最も大切な幼児期に人とのふれあいの中で発達をはかる場がないことか
ら、北区の教会の部屋で「在宅障害幼児の集団指導」をボランティアの
力を借りて実施した。僅か週１回の療育ではあったものの、子どもたち
の劇的な変化に驚いた親たちは、この子たち専用の場を作ってほしいと
積立を始めた。それにあさみどりの会の会員（ボランティア）、教会の
信者、多くの一般市民も支援に加わり、まさに市民運動に発展した。そ
こへ行政担当者や公職者の援助も加わり、市有地を民間法人に貸与して
もらっている。

　あさみどりの会が活動を開始してから 15 年間にわたる福祉活動の結
集のひとつとしての社会福祉法人の設立と施設開所であった。さわらび
園は最初から一通園施設の機能だけでなく、療育相談所やボランティア
センターなどの地域福祉の拠点施設としての新しい役割を担って誕生し
たのである。

　1969 年刊行の『心身障害児の療育援助ために』の中で、緊急の課題として、①発生予防と一般社会に対する啓蒙、②早期発見と早期処遇、③在宅指導と地域福祉活動を指摘している。ここからは、幼児期の支援の手つかず状態の改善を求め、障害児も地域社会の中で生活し発達する権利があるということを主張していることが明らかである。

　1977 年刊行の『この子らと』の中で、ボランティアに望む条件として、①障害だけにとらわれず、心身の全体的発達を見ていくこと、②両親の心理的支えを第一に心掛けるべきこと、③障害児家族の社会的孤立化を防ぐかけ橋となることの 3 点をあげている。そして、「自分のいのちを素直に生かそうとすることがボランティアの心だというなら、心身障害児たちから "生きる" ということを教わった私は、ボランティアの一員になれるかもしれない」と述べている。同書の出版の契機は、愛知県立大学文学部社会福祉学科で地域福祉論を展開していた高森敬久の「一人のボランティアとしてどのように育ってきたかという足どりを若い人たちの前に披歴してほしい」という進言であった。ボランティアの心象というサブタイトルにもそれが表れている。

　伊藤にとって「考える」ということは、「行動する」ことであり、障害児の発達を「考えること」（行動すること）を追求していた。

【参考文献】
・　社団法人あさみどりの会『心身障害児の療育援助のために』、1969 年。
・　伊藤方文『この子らと－あるボランティアの心象－』、1977 年、相川書房。

≪寄宿舎の生活教育論、実践記録論の提唱≫

大 泉 溥
(1940 ～)

　1940 年北海道遠軽町の家庭学校 (現在の児童自立支援施設) で生まれ、家族舎を預かる同家庭学校の職員であった両親のもとで育つ。1964 年に東北大学教育学部特殊教育学科を卒業。同大学の大学院教育学研究科心身欠陥学専攻の博士課程を中途退学し 1968 年に日本福祉大学に赴任する。寄宿舎教育研究会の代表委員、全国障害者問題研究会編集委員を務める。主な著書に『児童心理学試論』(1984 年)、『教育心理学試論』(1984 年、三和書房)、『生活支援のレポートづくり』(2004 年)『実践記録論への展開』(2004 年、三学出版)、『障害児の寄宿舎教育実践ハンドブック』(1994 年、労働旬報社)、『障害児の生活教育』(1994 年、法政出版)、『障害者の生活と教育』(1981 年、民衆社)、『障害者福祉実践論』(1989 年、ミネルヴァ書房)、監修『文献選集教育と保護の心理学　明治大正期～昭和戦後初期』(復刻版全 48 巻・別冊解題全 5 冊) (1998 年、クレス出版)、『日本心理学史の研究』(1998 年、法政出版)、『日本心理学者事典』(2003 年、クレス出版) など多数ある。別本ではあるが『先史時代への憧憬と情熱』(2004 年、北海道家庭学校) は、石器収集と考古学への多感な若い時期の活動の記録で、膨大な考古資料が同家庭学校博物館に展示されている。この先史時代への憧憬が日本心理学史の研究に形を変えて再現しているのかもしれないと同書の中で述懐している。

　大泉の研究を見ると、障害児 (者) に対する実践に眼を向け、その実践を理論的に支えられるようにしていくという姿勢が底流にあると考えられる。本著では、「実践記録論」「寄宿舎教育と生活教育」の 2 点についてポイントを明記しておく。

　1 点目に関して、『生活支援のレポートづくり』では、生活支援活動をすることの意味を問い、経験交流の必要、書くことへの展開、主体的な研究の場などを述べている。この本が実践記録づくりの実際編であ

るのに対して、『実践記録論への展開』は理論編という位置づけである。実践記録に関しては、この本は福祉現場で日常業務として行われているケース記録や日誌などとは同じではない。それらをふまえて一定のテーマや観点からまとめ直し再構成した第二次的な作品であり、そこには内在する創造的なもの（子どもの発見や新しいアプローチにかかわる実践技法の創出、実践仮説など）が含まれているととらえている。

　『障害者福祉実践論』においては、障害者福祉の中でも、実践的にとりわけ重要な構成部分となる「生活」「労働」「自立」を取り扱って理論的に言及している。

　坂元忠芳は①障害の社会的原因の解明、②実践における障害者の自己認識の主体的形成の解明、の２点がある点から大泉の実践記録論を評価している。

　２点目に関して、寄宿舎教育を生活教育としてとらえている。大泉の生活教育論とは、障害のある子どもたちの生活の現実を問題として、これを教育的に組織して指導・援助する実践のあり方のことである。そこでは、生活に学び生活を変える力＝生きる力をもった「生活の主体者」として障害のある子どもたちを育てていくことをねらっている。

　寄宿舎の教職員は家庭と学校をつなぎ、教育と発達を生活でつなぐ位置にあるから、舎生たちの発達と人権へのアプローチであり、舎生たちの人間としての人間らしい集団生活を、教育的に組織し指導・援助する実践を通して、教職員は「生きる意欲と力」を育成するものである。この考えは、障害者の生活問題にかかわる福祉では発達を保障する考えが弱く、また、発達問題にかかわる教育では生活を社会的な問題としてとらえるという考えが弱いという実践現場の一見した反省から打ち立てられている。

【参考文献】
- 坂元忠芳「実践記録の学問的意味について」（『心理科学』第28巻第1号、pp.28-43、2007年）。

≪ハンセン病隔離に抗した孤高の医僧≫

小 笠 原 登
(1888 ～ 1970)

　1888年愛知県海部郡甚目寺村の圓周寺の三男として生まれる。1915年京都帝国大学医学部卒業、同大学副手(薬物学)、1923年京都帝国大学癩特別研究所でハンセン病の診療・研究、1925年医学博士の学位を取得する。1926年皮膚病学黴毒学教室第5診察室でハンセン病を担当する。1931年「癩に関する三つの迷信」を『診断と治療』に発表、隔離政策を批判する。1934年長島愛生園をはじめて訪問する。1938年京都大学医学部皮膚科特別研究室の主任となる。1941年同研究室の助教授となる。「癩は不治ではない」を『中外日報』に発表する。「癩ト体質トノ関係」に関し光田健輔らと第15回日本らい学会において論争する。1948年京都大学を退職、国立豊橋病院皮膚科医長に転出し官舎の自室でも治療する。1952年前後、法律上病院での外来治療が難しいため、生家に集まる患者へのひそかな診療を行う。一晩泊めていっしょに食事をすることもあった。週末には圓周寺と豊橋の往復。1957年国立らい療養所奄美和光園医官に転出する。1960年藤楓協会より救癩功労者として表彰される。1966年勲四等旭日小綬章を授けられる。1970年圓周寺において急性肺炎のため死去する。享年82歳。

　近代日本では、特定の病者が国家により法的に差別・迫害されてきた。その象徴がハンセン病である。当時、世人は「汚く恐ろしい病気で日本民族の血も汚す悪病」と忌み嫌っていた。わが国の患者隔離政策は、1907年に制定された「癩予防ニ関スル件」に始まる。恐ろしい伝染病と誤解され、医学的根拠が明示されることもなく、優生思想と治安対策を理由として、「無らい県運動」が愛知県から始まり全国に展開された。地域社会すなわち住民に患者の存在の報告を強いたのである。患者は療

養所に強制隔離され、住み慣れた故郷には終生戻れなかった。一例として、1950年に出された愛知県衛生部編『癩の話』によると、愛知県の無らい運動で、同年までに未隔離患者305人のうち半数弱の140人を療養所に収容した。

　小笠原の活動期間は、大正デモクラシーから軍国主義への転換期に相当する。非民主的な政策がまかり通り、大和民族の純潔を守るべしという軍国主義が広がっていたという時代背景に注意すべきである。

　1931年に「癩に関する三つの迷信」を『診療と治療』（第18巻第11号別冊、pp.1474 〜 1478）に発表し、不治、遺伝、強力な感染力は迷信としたことで当時の学会に国賊と糾弾され、前年の1930年内務省は癩根絶計画を公表、それにもとづいて翌年に「らい予防法」を制定し、愛生園開設・癩予防協会が設立され、患者の強制隔離が始まった年にあたる。

　1936年には、①癩は遺伝病に非ず、②癩は万病を懸絶する悪病に非ず、③癩は単に細菌性疾患であると云うに止まつて強烈なる伝染病には非ず、④癩は治癒する、という標語を診察室に掲げるに至った。皮膚科特研は、まさに小笠原の信念を顕示する場であった。

　1941年に「体質説」を発表し、感染しても発病は個人の体質に大きく左右されると説いた。当時は評価されなかったが、医学史の視点からみれば、その学説は全く正しかった。同年11月15、16日に大阪で開かれた第15回日本らい学会での光田派との議論が毎日新聞や週刊朝日に報じられた。記事の中で小笠原は、献身的な医学ヒーロー光田健輔にたてつく偏屈医者として書かれた。光田らが撲滅しようとしたのはハンセン病ではなく、ハンセン病患者とその人権であったが、マスコミは無批判に国策に荷担したのであった。

　小笠原は自らの科学的良心を社会的良心と等しいものとしていた。加えて、小笠原自身が独、佛、ラテン語にも通じていて、専門のハンセン病関係の文献収集にも熱意をもち、日夜精読して患者の治療に生かす

並々ならぬ陰の努力があった。

　この頃、ハンセン病患者たちは、大きな神社や仏閣の周辺に起居することが多かった。尾張三観音のひとつである甚目寺観音のすぐ近辺に圓周寺があり、そこで幕末から明治初頭にかけて漢方医であった祖父の小笠原啓實が治療にあたっていた。小笠原の医療を支えた背景・治療動機には、ハンセン病患者が集まる寺に生まれたこと、仏教への信仰が厚かったこと、祖父の治療を通じて、ハンセン病の感染力は弱く、遺伝性はないと確信していたことがあげられる。

　豊橋病院皮膚科における治療では漢方医学による減食療法が試みられた。「精神、内に守らば、病、安んぞ従来せん」という漢方医学の考えが重視されていた。豊橋病院時代には、官舎にひそかに患者やその家族が訪れていたため、職員間に不快感が生じて、たいへんな苦労の中での試みでもあったようである。患者の手記によると、たとえば、①巡査に収容に応じるよう追い立てられた。②自分の歩く後を噴霧器で消毒された。③隣家も消毒されたため、転居するしかなかったとある。

　人の自由を奪い、一生社会で活動できないように隔離拘束するだけの医学的根拠があるのかどうかという問題を人権という観点から投げかけた、生命への畏敬の念をもった反隔離の実践的先駆者でもあったと位置づけられよう。

　長年にわたるハンセン病問題の核心は、わが国の社会が少数者の人権というものを本当に考えていなかったということではなかろうか。戦後、日本国憲法の下でも人権侵害は続けられ、患者本人とその家族が受けた未曾有の被害は今日になっても回復していないと言っても過言ではない。

　小笠原の評価として、当時の時代の流れに立ち向かう信念を貫き通した内面の強さを力説しておきたい。現在の社会科学的な福祉理念とは無縁な時代にあって、患者から学び、現場から教えを乞うという謙虚な姿

勢をとり続けていた。今日的にいえば、在宅福祉、地域福祉への正しい方向を示していると評価できる。

　小笠原はハンセン病患者とその家族の盾となっていた。権威を求めず、権威におもねらず、孤高を恐れず、自己の学問と信仰に殉じた一生であった。隔離政策と断種を批判し、患者の立場に立った治療を貫徹したのである。絶対隔離という当時の法と、隔離のみに偏る政策を批判し、絶対隔離とは異なる医療を実践するというのが、小笠原の姿勢であった。

　医師でありながら仏教と福祉にも従事した点から、医療・仏教・福祉をリンクさせた人物として高く評価したい。

【参考文献】

- 真宗大谷派宗務所出版部『小笠原登－ハンセン病強制隔離に抗した生涯－』、2003 年。
- 藤野豊『孤高のハンセン病医師－小笠原登「日記」を読む－』、2016 年、六花出版。
- 小川英彦『障害児教育福祉史の人物－保育・教育・福祉・医療で支える－』、2020 年、三学出版。

≪重症心身障害児への医療≫

岡 田 喜 篤
(1935 ～)

1935 年生まれ。1959 年に名古屋大学医学部医学科卒業。1964 年に名古屋大学大学院医学研究科修了。医学博士、精神科医。1965 年に名古屋市立大学医学部精神医学教室助手。1968 年から 1972 年に愛知県心身障害者コロニーの中央病院。1972 年から 1 年間米国コロラド大学医学部神経学教室。1973 年に愛知県心身障害児コロニーの中央病院に復帰。1976 年に重症心身障害児施設のこばと学園の園長。1987 年に社会福祉法人北翔会札幌あゆみの園の園長。1993 年に国立秩父学園の園長。1998 年に北星学園大学教授。2003 年に川崎医療福祉大学の学長。2013 年から社会福祉法人北海道療育園理事長。

1999 年に日本重症心身障害学会の理事と日本歯科医療福祉学会の理事となる。その他、日本重症心身障害福祉協会理事長、全国重症心身障害児 (者) を守る会理事、日本ケアマネジメント学会評議員など多数の公職を歴任する。

わが国における障害児医療・福祉のトップランナーとして、特に重症者の医療・福祉・教育・親の会運動など各分野を牽引して、多くの研究者・実践者・保護者に影響を与えている。

主な著書に、『心身障害児 (者) の医療療育に関する総合的研究・報告書』(1987 年、厚生省児童家庭局)、『重症心身障害療育マニュアル』(1998 年、医歯薬出版)、『重症心身障害通園マニュアル』(2000 年、医歯薬出版)、『介護職員基礎研修課程テキスト〔Ⅰ〕』(2007 年、日本医療企画)、『重症心身障害児 (者) 医療福祉の誕生-その歴史と論点-』(2016 年、医歯薬出版) などがある。

大きな業績としては、第一に、わが国における重症心身障害児施設の

歴史に関しての研究がある。岡田は『重症心身障害の療育』(9巻1号)の中で、この領域に入ったのは1968年であったと述懐している。当面する諸課題として、①高齢障害者の健康維持・管理について(前掲書1987年報告書)、②超重症児の増加(前掲書2000年マニュアル)を指摘している。この点は今日的課題としても言及できる。

　第二に、愛知県心身障害児コロニーの中央病院や重症心身障害児施設のこばと学園(1968年児童福祉法により開設)などにおける重症心身障害児への実際の医療と療育に携わったことがある。1980年に愛知県内(名古屋市を除く)の在宅重症児588名を対象として実施された調査をまとめた論文「愛知県における在宅重症心身障害」の中で、今後の方向性として、愛知県では重症児の約3分の2が在宅児になっていること、その重症児の家庭療育を可能にするためには地域における対応を充実させる必要があり、巡回療育指導の意義があること、家庭療育を推進するために重症心身障害児施設が従来とは異なる機能を多面的に発揮することをあげている。地域で支える視点の提起として注目に値する。

【参考文献】
- 岡田喜篤「愛知県における在宅重症心身障害児－その実態と処遇について－」、pp.123-131。
- 岡田喜篤・蜂田明嗣『重症心身障害児(者)医療福祉の誕生－その歴史と論点－』、2016年、医歯薬出版。

≪視覚障害当事者・教育と福祉のために≫

片 岡 好 亀

(1903 ～ 1996)

1903 年に北海道北見国下湧別村で生まれる。1919 年に函館師範学校に入学するが、1921 年に緑内障で失明したため同校を退学し、1923 年に東京盲学校中等部鍼按科に入学する。1930 年同校師範部を卒業して、東京盲学校の鍼按科嘱託講師になる。1936 年に名古屋盲学校鍼按科の主任教諭に赴任する。1945 年に戦災のため学校も自宅も焼失。1946 年に愛知県盲人福祉協会を設立、鍼灸共同治療所を開く。1947 年進駐軍による鍼灸禁止令撤回運動の先頭に立つ。同年に金属作業部を設置、盲人の自立更生を図ったり、同作業部にヘレン・ケラーを招いたりする。1957 年に社会福祉法人名古屋ライトハウス設立、副理事長に就く。1964 年に名古屋盲学校を退職して、ライトハウスの理事長となり、1977 年に理事長を退任して会長に就く。

函館師範学校在学中に視力が急に衰え失明したが、小学校時代の友人の坂井から、障害を乗り越えろと励まされた。三重盲学校の教師であった鳥居篤治郎に東京盲学校で出会った時に「優れた教育者、盲人のレベル向上のための教育ができる教師こそが必要とされているのだ。迷わず君は師範部に進むべきだ」との助言を受けて、師範部卒業と同時に母校の教壇に立ち、6 年後には名古屋盲学校に鍼按科主任教諭として迎えられた。名古屋ははり師天国といわれ、高い教育が求められた。片岡は教室で近代診断学などを教え、その熱心な態度、誠実な人柄は名古屋地区の盲人関係者の間に好意をもって受け入れられた。

1945 年 7 月、名古屋盲学校も片岡の家も戦災で焼失したため、終戦後には津島中学校の寄宿舎を借りて授業を再開した。アメリカ軍政部のリチャードソン大尉との交渉を経て、1949 年に兵器工廠の跡地が与え

られ、名古屋盲学校の校舎が完成した。この間の交渉には片岡の英語力が役立った。進駐軍の鍼灸禁止令が出された時には、東京盲学校の澤田慶治とともに「他に生きる道のない盲人から鍼灸を取り上げることは死を意味する」と、英文の陳情書を作り、進駐軍医事局に禁止令を撤回させた。

　片岡は豊富な語学力を有していたので、1957年にオスロで開催された第二回国際盲教育者会議に日本代表として参加した。会議後、ヨーロッパのいくつかの国の盲教育の現場や福祉施設を視察したことが、後に盲人福祉に打ち込んでいく原動力になった。

　イギリス盲教育中興の祖であるアーミテージが発表した1868年の論文に共鳴し「個性に応じた教育、能力に応じた職業」「個人の知力と能力を生かすバランスのとれた教育と福祉」が片岡のスローガンになった。

　その後、中央盲人福祉協会より名古屋盲学校長あてに、戦災で治療所を失った盲人のため共同治療所を開設してほしいとの要請があった。それに応えて治療所として自宅を開放した近藤正秋と共に、事業を展開した。職業をもつ盲人を育てるという教育観は、金属工場、鍼マッサージの共同治療所、社会福祉法人の名古屋ライトハウスへと結実していった。

　「障害者福祉とは、ハンディを補う精神面と経済面からの援助をした上で、社会に立ち向かうことのできる人間にすること・・・一人の子どものため大勢の教師が努力し、才能の芽を伸ばしてやることが学校の役割だ」と教育と福祉の両機能を力説した。

【参考文献】
・ 片岡好亀「教育と福祉の向上のために」(愛盲報恩会『道ひとすじ― 昭和に生きた盲人たち―』、1993年、あずさ書店)。
・ 障害学研究会中部部会『愛知の障害者運動―実践者たちが語る―』(2015年、現代書館)。

≪手をつなぐ親の会、精神薄弱者相談員、名東福祉会等で活躍≫

加 藤 奈 々 枝
(1928 ～)

　1928 年に東京で生まれる。1954 年に長男が発病後、左半身まひ、重度の知的障害になって以来、1957 年から、手をつなぐ親の会、肢体不自由父母の会、社会福祉法人あさみどりの会にかかわりをもつこと30年。その間、重度重症児をもつ親の会麦の会会長、精神薄弱者相談員、精神薄弱者職業相談員、名古屋手をつなぐ親の会事務局長を15年にわたって歴任しつつ、社会教育（青年教室、婦人学級、福祉講座等）にもかかわる。1981 年に社会福祉法人名東福祉会を設立して、メイトウ・ワークス所長になる。1985 年に天白ワークス開所後に常務理事となりふたつの施設の運営に携わる。

　その後、名古屋手をつなぐ親の会理事、名東区手をつなぐ親の会会長、名東福祉会理事長、社会福祉法人観寿々会監事、名古屋市障害者施設連絡会議会長、上社学区就学指導委員、婦人会館運営審議委員、名東区社会福祉協議会評議員、名古屋手をつなぐ育成会相談役、日進市障害者福祉推進委員など多くの要職に就く。

　本書では、精神薄弱者相談員として尽力していた時代を紹介しておきたい。この相談員制度は1968 年から実施された。相談員になるには、各知事が認め、人格識見が高く、社会的信望があり、地域の事情に精通していることに加え、精神薄弱者の保護者であるという条件があった。主な業務は、必要な指導・助言、関係機関への連絡、援護思想の普及である。1960 年代はこの制度の開拓期ゆえに、愛知県内には下記のようにいろいろな課題が山積していたことが明らかである。

　①先輩から受け継いだものを後輩に、知っている限りのことを若いお
　　母さんに出向いて知らせていくこと。

②若いボランティアやホームヘルパーの派遣の必要性。

③すべての障害児の親は、自分の子どもだけでなく、自分の子を含めたたくさんの障害児者のことを考える親であってほしいこと。国民の精神薄弱者援護思想の普及。

④10人が10人同じようでいて、みな違うということ。

⑤精神病院への世間のイメージはあまりにも暗すぎること。愛知県心身障害者コロニーの中央病院への期待。

⑥障害児者の親の教育が欠けていること。

⑦幼児教育機関が皆無である。幼児期の教育がなされるべきと「精神薄弱者相談員となって」(1969年)の中で述べている。

　著書に、手をつなぐ母の心を花にことよせて語る女の一生を書いた随筆集『花影の譜－ちえおくれの子をもつ母として、妻として、女として－』(1986年、太揚社)がある。同書の最後の「愛をください」には次のように綴られている。「神様がたった一つの願いを聞いてあげようとおっしゃったらうちの子のあたまをよくしてくださいと？　うちの子のマヒした手と足をなおしてくださいと？　いいえうちの子は神様からのお恵みですたった一つだけの願いなら世界中のみんなの心に愛をください」

　さらに、写真エッセイ集『さくらさくら－みんな主人公なんだから－』(2001年、ペネット)、ヨッタンという障害児が主人公である絵本『なみだのおほしさま』(1997年、学書)を刊行している。

　中日社会功労彰、愛知県知事表彰、名古屋市長表彰、名古屋市教育長彰、愛知県社会福祉協議会長表彰、パチンコ福祉応援賞などを受賞。

【参考文献】
・　加藤奈々枝『花影の譜』(1986年、大揚社)。
・　社団法人あさみどりの会『心身障害児の療育援助のために』(1969年)。

≪障害児教育担任から作業所・グループホームの運営へ≫

川 上 輝 昭

(1942 ～)

　1942 年に岡山県で生まれる。中学校卒業後、造船会社で働きながら定時制高校に通う。1999 年に名古屋市立大学大学院修士課程を修了する。1976 年から 2003 年にかけて名古屋市立の小学校と養護学校において障害児教育の実践を行う。2003 年 4 月より名古屋女子大学の教員になりその後教授に昇進する。2015 年には社会福祉法人飛翔理事、翌年には理事長となる。その他、地域における社会的活動として、民生児童委員、区政協力委員、福祉推進協議会会長等を歴任している。主な著書に『子どもの援助と子育て支援』(2001 年、ミネルヴァ書房)、『21 世紀の社会福祉実践』(2003 年、あけび書房)、『子どもの人権と保育・教育』(2005 年、保育出版社)、『障害のある子どもの理解と親支援』(2005 年、明治図書)、『改革期の保育と子ども福祉』(2007 年、八千代出版)、『保育士のための相談援助』(2017 年、学文社)、『ある分限者親子の物語』(2018 年、弘報印刷出版センター)、『社会的養護』(2020 年、学文社)等がある。

　名古屋市立の教員時代には、白壁小学校や露橋小学校などの小学校特殊学級担任を皮切りに、各区の担任者会のまとめ役など開拓的に職務をこなした。その後、名古屋市立南養護学校で校長や教頭の補佐役として力を発揮した。さらに、西養護学校にも務め、名古屋市の障害児教育界を支える重鎮としての役割を果たすようになった。

　たとえば、南養護学校時代には、子どもへの実践研究を深めることはもちろんのこと、保護者支援を早くから取り入れ熱心に心の交流を行っていた。保護者とともに子育て奮闘記の手記を苦労して綴り、『障害のある子どもの理解と親支援』を刊行したのは協働の成果の一つであ

る。さらに、他の学部との交流を積極的に実施し、全校的視野に立って実践したのが特徴である。その頃の研究仲間の志賀史郎や玉置寛、小川英彦との交流は現在でも継続しており、長年にわたる研究活動を共著にフィードバックさせている。

　名古屋市教員退職後には、大学での保育士・幼稚園教諭・小学校教諭養成という職務をこなしながら、社会福祉法人の理事長に就いたことからわかるように、教育と福祉の両分野を繋いでいく開拓者精神が川上の活動の大きな特徴である。

　社会福祉法人飛翔は、「せめて、昼間だけでも自宅以外に居場所がほしい」という保護者の切実な声を受けて設立された共同作業所「てふてふ」が前身である。わずか数名の利用者と職員ふたりの小さな作業所で、内職にも似た簡単な作業や衣類のリサイクル品を販売するという全くの手探りのスタートであった。利用者の中には食事、排泄、着脱といった基本的生活習慣が自立していない人もあり、また、職員の不足は深刻な課題であった。そのような苦難の中でも、「一人ひとりがその人らしい輝きを」という目標を絶えず持ち続けて地道な取り組みを行っていた。

　無認可作業所にあって最大の課題は経営であった。施設を維持していくためには人件費、光熱水費、事務費等多額の経費が必要であり、それを捻出するのは大変なことであった。公費による補助金を得るためには、何としても法人格の取得が必要であった。小規模ながらも経営が安定してくると利用者も増えて、全体として活気が見られるようになったと後に述懐している。

　「利用者の思いに沿って」というニーズを大切にする支援に根気強く取り組む中で、割り箸の袋入れ、ボルトとナットの組み合わせといった軽作業中心ではあるものの、各自に手を止めることもなく黙々と取り組む利用者の真剣なまなざしが日々見られるようになっていった。青年期や成人期特有の労働の意欲に立脚した実践と評価したい。工賃単価はい

ずれも銭の単位でありながら、それでも給料日を楽しみにしている利用者も多く、理事長としては胸の痛みを感じているという点にも、真摯な態度を見出せる。

こうした労働の場の保障だけにとどまらず、親元を離れて暮らす場の確保、日中活動の場と並んで不可欠な場として、新たにグループホームづくりを展開した。これは、名古屋市内において現状ではすでに2ケ所と拡大してきている。障害児教育福祉の現場では、かねてから実践課題を表現する「親亡き後」という言葉が使われ続けている。「あの子が生まれてから30年余り、何とか今まで手を掛けてきたけれど、もうそろそろ限界」「もう、あの子も40半ばを過ぎたのよ。30過ぎの頃生まれた子だから私も先が見えてきたのよ。この先のことが心配で」という会話を耳にする中での保護者支援である。ここには、ライフステージにわたった支援と地域で支えるという発想を読み取ることがでる。食事だけでなく買い物、通院、生活相談、金銭管理といった生活を保障するためには、個別支援が必要とされる。それゆえに、理事長はじめ支える職員の負担は計り知れず、チームワークの構築が要求される面でもある。行楽や買い物にも出かけることで、利用者の笑顔や楽しさが実感できることが実践を根底で支えているものなのであろう。

こうした日中活動の場を利用している利用者、グループホームに入居している利用者の障害の種類や程度はさまざまである。もちろん生まれも育ちも家庭環境も年齢も性別もすべて異なっている。こうした人の仕事や生活を支えているのが職員である。そして、職員にも多様性がある。しかし、各自に違いがあっても、「利用者の最善の利益のために」という目的は共通している。「職員の資質向上」が叫ばれている今日、この目的を実現するため、個人として、組織として力を高めていくことが資質向上につながるとした。長い時間を要するが、そのための道筋を開いていくことを自分の仕事として受け止めていると述べている。

　以上のような、青年期や成人期の取り組みと関連して、川上の論述には「就労」に関するものがいくつか見られるのも大きな特徴であり、障害者の最低賃金、雇用率改定への新しい提言を行っている。こうした試みは朝日新聞や中日新聞、NHK 総合テレビでも取り扱われ、広く社会にアピールしている。また、2000 年と 2003 年には NHK の障害福祉賞を受賞していて、その名前が知られるようになったと言えるのではなかろうか。加えて、成年後見人制度についての論述は今後の方向性を示す意味で貴重な提案である。

　最後になるが、教育と福祉の両分野での開拓者としての役割のほかに、大学という養成校で学生への熱心な教育活動が認められる。それは学生の就職指導に象徴的にあらわれているが、まさしくこれからの教育と福祉の専門職を育てるという熱い思いである。

　教育や福祉の現場を大切にした、障害のある子どもと大人、その保護者の今ある姿から学ぶ姿勢、ニーズを重要視する姿勢を学ぶことができる。

【参考文献】
・　小川英彦、川上輝昭『障害のある子どもの理解と親支援』(明治図書)
・　川上輝昭『ある分限者親子の物語』(弘報印刷出版センター)
・　川上輝昭「知的障害者の人権に関する考察」(大原社会問題研究所)

≪名古屋初の中学校特殊学級担任≫

川 崎 昂
(1914 〜)

1914 年に岐阜県白鳥町で生まれる。1940 年に名古屋市立江西尋常小学校に代用教員として採用される。1952 年に名古屋市立菊井中学校へ美術の教師として転勤、中学校では初の特殊学級の担任となる。同年、名古屋市教育委員会より「ホームルーム教育研究指定」を受け、知能検査を実施した結果から、試験的に特殊学級を編成することになった。

1953 年の教育目標は、①日常生活をする上で必要な知識、技能、態度について、その最も基礎的な実際問題を取り上げて、できるだけ簡単に実用化し具体化して、直観に訴え、筋肉を通して反復訓練させる機会を多く与えて修得するよう指導すること、②学年に拘泥せず、各自の能力に応じた指導をして、その伸長をはかると共に特に各自の長所の活用につとめること、③健康生活については習慣になるまで指導すること、④集団生活を通して、社会適応性を培うようにつとめること、⑤簡単な労作（作業）を通して、作業の基礎的陶冶をはかること、⑥感覚の訓練、体育、音楽、その他とくに図画、工作を指導の重点におくこと、としている。こうした目標を達成するために、当時は、就職させることが一般的であったため、川崎は、版画教育を重点においた教育に力を注いだ。版画は分業ができる点に注目して、絵のうまい子は絵師、手先の器用な子は掘り師、不器用だけど力の強い子は刷り師とした。また、版画は複数の同じ作品を刷ることができるためカレンダーを作って、商店街の店に飾ってもらい、精神薄弱児理解と就職につなげることをめざした。当時、その実践はかなり注目され、西の田村一二、東の小杉長平、愛知の川崎昂と言われたこともあった。詳細は『ちえ遅れの子の版画指導』（1967 年、日本文化科学社）による。

　教育課程の変遷をみると、1954年に文部省主催の中部日本特殊教育研究集会が菊井中学校や幅下小学校で開催された草創期と形成期を経て、1955年から1957年の充実期になると教育課程が再編成され、ABCの三段階による能力別指導と、図工科を中心とした表現活動へと継続的な労働教育を重視するように変化した。そして、1958年以降は、造形活動（図工科）を中心とした表現活動と、継続的な作業による職業教育を重視した教育課程へと変わった。すなわち、この充実期には教育課程の中軸に表現活動と職業教育を据えるという川崎の指導観が構築されたものと評価したい。1959年に図画工作を造形活動と改め、教育課程を体系化している。その理由として、①精神薄弱にとって、図工科は単なる一教科ではなく、学習活動の中心になるべきである。②学習内容を「造形活動」と「造形基本」の二つに分け、造形活動では単元学習として生活全般に主体をおき、創造的な表現活動に関するものとした。造形基本では、感性、知覚、技能に中心をおき、頭と手、目と手の協応、注意の集中、構成能力などの基礎訓練を取り扱うことにした。以上のように、学習内容が従来より広範囲にわたるので、図工科では十分でないと考え、造形活動と称したのである。

　特に、版画を使った造形活動の意義は、生産的職業的訓練を可能にする要素を備えているほか、心理療法として、手の機能開発から認知活動の活性化、他教科との関連に見出される。

　川崎の教育実践は、一人ひとりの能力をのばすために、得意なこと、好きなことをのばす教育に重点を置くものであり、「好きこそものの上手なれ」ということわざを体現するものであった。その結果、「第2の山下清」といわれる山本良比古を育てることになる。山本は、知的障害、聴覚障害、言語障害という三重の障害をもちながらも緻密な点描法と原色を使った鮮やかな色彩により「昭和の北斎」「虹の絵師」と呼ばれている。川崎は山本について、最初は字も絵も描けなかったが、できること

をのばすことで素晴らしい才能を発揮してくれたと述懐している。先入観で重度の障害の人は何もできないと決めつけていたら、今の山本はなかったと言っている。つまり、「人間の可能性は無限にある」として、山本は重度障害者に夢と希望をもたせる生き証人であるとも言っている。

　詳細は『虹の絵師良っちゃん』（1971 年、立風書房）による。

　1952 年は、全国特殊学級研究協議会第一回が開催され、精神薄弱児育成会（手をつなぐ親の会）が結成された年である。当時は、社会では知的障害者への理解は乏しかった。川崎は、知的に障害がある人が地域で安心して生活するためには社会の理解が不可欠であるため、自らも行政に制度の見直しを訴えたが、身内でもない他人が代弁しても行政はとりあってくれない状況であった。そこで川崎は、当時の教え子で身寄りのない障害児を養女として籍を入れて、「これで私も障害者の親になれました」と親に伝えた。1954 年に「手をつなぐ親の会名古屋支部」を菊井中学校内に設立し、初代支部長として就任した。当時の親の会の発足について、愛知県特殊教育研究協議会発行の『特殊教育 10 年のあゆみ』によると、「こうした子どもの教育向上のためには、家庭環境がたいせつであり、とくに両親の理解の必要性を痛感（中略）東京都で結成された手をつなぐ親の会に菊井中学校の特殊学級生徒の父兄も参加する」とある。会のネーミングについて、堀要は、田村一二の『手をつなぐ子ら』に見習って、親たちに手をつないでもらいたいという川崎の願いがあったと述べている。

　特殊学級の担任として勤める中で、どうしても就職できず行き場のない卒業生たちを放っておくことができず、1963 年に名古屋市千種区清住町の自宅を開放して無認可の作業所「ひかり学園」を設立した。自宅を開放した同学園は、川崎の妻が世話することがあってアットホームな雰囲気が評判となり、瞬く間に利用者がふえ、手狭になった。そのため、

　川崎は教員（名古屋市立田光中学校）を辞める決意をして、自宅を売却した資金をもとに、1970 年に精神薄弱者更生施設「社会福祉法人ひかり学園」を愛知県犬山市に開設して、園長及び理事に就任した。その後は1999 年に障害者支援施設「サンフレンド」を開設した。

　そのサンフレンドは次のような支援者心得 12 ケ条を掲げている。①「この子、わが子なりせば」の親の愛を忘れることなかれ、②ゆめゆめ教育の育を忘れることなかれ、③能力の差で人間の価値を判断することなかれ、④人間の可能性を信じて疑うことなかれ、⑤いかなる事があるも体罰を加えることなかれ、⑥常に笑顔を忘れることなかれ、⑦「あきらめず、怠らず、投げ出さない」三つの支援理念を忘れることなかれ、⑧支援にあたっては、まず「やって見せ、言って聞かせ、やらせてほめる」ことを忘れることなかれ、⑨研究は常に実践をふまえた臨床的なものであることを忘れることなかれ、⑩社会事業を志さんと欲せば施して求めることなかれ、⑪公私の区別をわきまえ、良識ある行動と責任を軽んずことなかれ、⑫ゆめゆめサラリーマン的に堕することなかれ。

　川崎の活動は教育と福祉の両分野の開拓者としての特徴があり、保護者の苦労に寄り添って場を切り拓いていく姿勢が一貫している。

【参考文献】
- 愛知県特殊教育研究協議会『特殊教育 10 年のあゆみ』、1966 年。
- 小川英彦「戦後における精神薄弱児学級の成立」（日本発達障害学会『発達障害研究』、第 15 巻第 1 号、pp.63-67、1993 年）。
- 川崎純夫・森島慧『知的障害者と共に生きた　川崎昂の教育実践とその思想』、野間教育研究所紀要、第 40 集、1997 年。

≪旭白壁小・福祉教室の揺籃≫

桑 原 博

(不詳)

愛知県特殊教育研究協議会『愛知特殊教育10年のあゆみ』(1966年刊行) の冒頭「福祉教室の開設」には次の記載がある。

「昭和23年戦災でぽっかり口のあいた旭白壁小学校の校舎もみごとに復旧し、当時としては珍しいクリーム色の鉄筋校舎が徳川町の麦畑の中にそびえていた。そのせいかどうかは知る由もないが、県より福祉教室実験学校の指定を受けることになった。教育の機会均等の立場から個人の能力に応じた教育を計画実施し、個性を伸ばし、学校生活を豊かな楽しいものにしてやりたい。児童の中でいちばん学校生活を楽しんでいないのは精薄児であろう。まずここから手をつけよう。職員会の結論は以上のようになった。しかし当時の社会状勢をふり返ってみるのに文化国家を宣言し、社会福祉を約束した憲法が施行され、児童福祉法がそれに続き、名古屋市においては児童福祉展覧会が大規模に計画された年でもあった。当時の校長山田為一先生・教頭横田厚甫先生が大変乗り気になって役所と折衝せられ定員外に教員数を確保し、教室不足のため応接室を解放してこれにあたって最優遇の特殊学級が生まれることになった。いちばん問題になる担任には、桑原博先生 (現廿軒家小学校長補佐) が指名された。なお児童福祉ということばが耳新しい時代でもあったせいか、この学級は福祉教室と命名された。福祉教室専用の予算も、PTA費の中に年間5万円という当時としてはかなり大幅な予算が組まれ、入級判別および医学上の指導には名古屋大学の堀要先生があたり、医学部助手の医師が毎週1回定期的に派遣された。選ばれた19名の児童に、むくつけき男教師と、うら若く美しい女教師とが担任となり家庭的な雰囲気も考慮し学級経営の条件としては申し分のない配慮がはらわ

れた。」

　桑原は、『忘れられた子ら』『石に咲く花』の著者である田村一二の先行実践を拠り所としている。学校ではものを言わない、友だちはひとりもない、おどおどしているか、石のように無感覚な、教室で座っているだけ、ひらがなさえ書けない子どもたちを見かねて取り組み始めた。まずは目的は、①新しい教育観・人間観・児童観（実践的な生活者の形成、心身の調和的発展）、②機会均等（個人の能力に応じた教育）、③個性の発見助長、④学校生活を楽しませたい、⑤将来の自立、⑥社会に対して少しでもプラスの働きをさせたい、である。方針は、社会性を養い、天賦の個性を最大に発揮し、独立して生活し得る善良かつ健康な、実践的活動的人間を育成したい、である。そして具体的目標は、①社会性の養成、②健康な身体、③よい習慣（日常生活に対する）、④根気よく、喜んで働く習慣態度、⑤社会生活をするに必要な最小限の基礎的技術の確保（読む・書く・計算する・物の名前・取り扱い・手入れ等）、⑥手の修練、である。

　揺籃期ゆえに、カリキュラム設定に関する試案を全国に発信しているのが特徴である。カリキュラムを構成する時の留意すべき項目として、①心身の発達の特徴（知的方面、情緒的な生活、社会的方面）、②社会機能の範囲（生命・財産及び資源の保護保全、生産・分配・消費、交通・交際・運輸・通信、美的・宗教的欲求の表現、教育、厚生娯楽、政治）をあげている。加えて、社会科作業単元を例示しているが、国語、算数、理科、音楽、図工、体育の合科をスタートさせている点に注目できよう。

【参考文献】
- 愛知県特殊教育研究協議会『愛知特殊教育10年のあゆみ』、1966年。
- 特殊教育研究連盟『精神遅滞児教育の実際』、1949年、牧書店。

≪愛知県立精神病院の初代院長≫

児 玉 昌
(1892 ～ 1953)

　広島県豊田郡久芳村 (現在の賀茂郡福富町久芳) の代々庄屋の家に生まれる。小学校を終える頃上京し東京神田の独逸語協会中学校から第一高等学校へ進み、東京帝国大学医学部を 1917 年に卒業した。学生時代には『滅びゆく宇宙及び人類』や『癲狂院より』を洛陽堂より刊行し、この頃の生命哲学的人間観が後年の施設設立の動機になったと思われる。精神病学教室の呉秀三に師事し、東京府立松沢病院の精神科医局長のかたわら、東大医学部の神経科の講師をつとめた。松沢病院で外来の患者をみたり、その他巣鴨病院や戸山脳病院で精神病や精神薄弱にかかわるうちに、深い関心をもつようになった。東大のほか帝大女子医専、東洋大学等の大学でも精神病理や教育病理学の講義を行った。

　1930 年 12 月 1 日に藤倉学園を創設した川田貞治郎の「熱誠」に打たれ、精神薄弱児施設である小金井治療教育所 (のちに小金井学園に改称、城戸幡太郎を園長) を創設して、精神薄弱児の治療教育に携わった。教育、心理、医学の知恵を集めて、ひとり一人の子どもを生かすことを追求した。児玉は 1932 年に愛知県立城山病院に就任した後も同治療教育所の経済的な支援を続けた。また、教育科学研究会 (城戸会長) の会員が展開する実践的な教育を、川崎純などの教育関係者と共に支えた。

　1932 年に病院内の副院長の人事問題と当時の名古屋医大昇格に伴った内紛と関係して松沢病院を辞め、愛知県立精神病院 (1947 年に愛知県立城山病院に改称) の初代院長に就任し、1943 年まで勤めた。

　その頃は、小金井治療教育所設立の関係から、白痴や精神薄弱に関する論文をいくつか発表した。1936 年には、三木安正や続有恒らの協力があり『治療教育』という小冊子を刊行した。一方、時代の流れもあって、

優生学や遺伝に関する研究に取り組み、断種についても論じ、国民優生
法の解説も述べた。

　その後、名古屋市立女子高等医学専門学校に赴任して、戦後の医学教
育改革に伴い、1947 年に女子医専が名古屋女子医科大学に改組され、3
年後に名古屋市立大学医学部となったが教授とならず講師で退職した。
また、静岡駿府病院の顧問も務めていた。

　1951 年に名市大を退官後は千葉に戻り、「我が庭の吉野桜の花吹雪、
ちりしく中に死なんとぞおもふ」という歌を賦して、食道癌のため 1953
年に永眠した。享年 61 歳であった。墓地は京都から移転して愛知県春
日井市潮見坂平和公園にある。

　わが国における精神医学と精神医療の開拓者ともいうべき精神医学者
である。1918 年の「精神病者私宅監置ノ実況及ビ其統計的観察」の中で
述べた「わが国十何万の精神病者はこの病を受けたるの不幸のほかに、
この国に生まれたるの不幸を重めるものというべし」の指摘は有名であ
る。

　翌年の 1919 年には精神病院法が制定されている。この法律の骨子は、
内務大臣は各都道府県に公立の精神病院を設置できること、身寄りのな
い精神病者をこれらの指定した精神病院に入院させることができること
であった。精神病者監護法による取締をねらった社会的保護から、福祉
的保護への転換であり、医療・保護対策の芽生えが見られた時期でもあっ
た。しかし、公共の責任として精神病院を設置することが明らかにされ
たものの、ほとんど予算がつかなかったため、1930 年 5 月 30 日に内務
省から告示第 123 号をもって愛知県に設置命令があるまで、県内の公
立精神病院の設置は進まなかった。1932 年 5 月にようやく愛知県立精
神病院が名古屋市東区田代町（現在は千種区徳川山町）に開院した。ち
なみにこの頃、公立精神病院は全国でも東京、鹿児島、大阪、神奈川、
福岡と愛知の 6 か所しかなかった。児玉は、愛知県に赴任後、公立精神

病院の必要性の啓蒙につとめたものの、病院の運営は、戦時下で医師不足もありきわめて困難であった。

　開院 3 年後の 1935 年 12 月に 3 周年記念式が実施され、児玉個人名で『愛知県立精神病院要覧』が作られた。その要覧によると、当時の地図、図面とともに、建設予算、敷地面積、当時の職員数、主な職員名、決算状況、診療実績、作業療法、看護人心得、入退院手続きなどが記載されている。開院以来の 2 年 8 ケ月の診療実績は、入院患者 118 人で、早発性痴呆が 70%、麻痺性痴呆が 13.5%、躁うつ病 7.6% であり、男女別では男が女の 2.8 倍になっている。この間の退院者は 31 人で、全快と軽快が 8 人、死亡は退院患者の 35.5% となっている。当時の県立病院は貧窮精神病者の保護及び治療を主な目的としたため、急性期の対応は要求されなかったようである。

　また、「愛知縣下に於ける精神病者、精神薄弱者調査報告」に 1933 年 11 月 1 日現在の愛知県立精神病院の状況、1934 年 2 月から 3 月にかけて精神病院の職員を総動員して実施された、県内の私宅監置患者の調査結果も載せている。この調査では、警察署の帳簿に記載されていた県内の私宅監置患者の総数 160 人に対して、実際に調査できたのは 150 人であった。入院患者の様子は、上記の数値とほぼ同様である。特徴的なのは、精神病院への入院希望者が少ないことである。調査した 150 人から希望の有無が不明の 11 人を除いた 139 人中、93 人（66.9%）は軽費または無料でも入院を希望せず、入院を希望するのは 46 人（33.1%）に過ぎなかった。その理由は「精神病院に対する不信用に依るもの、例へば脳病院ではどんな扱ひを受けるかわからぬ。之れ迄病院へ入れたが、却つて病気を悪くされた」「血縁の者が自分の手許で看病したい」というものである。この結果から、児玉自身も「精神病者は必ずしも劃一的に病院に収容する必要なく、場合に依つては私宅監置を善導發達させる方が、患者にとつても社會にとつても都合がよいのではないかと思ふ様に

なつた」と述べている。戦前の精神病院での対応が、治療ではなく監置
に偏っていて、患者の家族側にすれば私宅監置の方がましだということ
であろう。当時の状況改善の視点に立ち、児玉が今後の治療の効果的な
方向性を考えていた点を評価したい。

【参考文献】

- 児玉昌「愛知縣下に於ける精神病者、精神薄弱者調査報告」（日本精神衛生協會『精神衛生』、第1巻第6号、pp.6-14、1934年）。
- 藤島岳「児玉昌」（内山喜久雄監修『知能障害事典』、p.158、1978年、岩崎学術出版社）。
- 簑島浩一「戦前の『精神薄弱』者施設小金井学園（小金井治療教育所）　に関する一考察」（精神薄弱問題史研究会『精神薄弱問題史研究紀要』、第30号、pp.3-21、1986年）。
- 藤島岳「児玉昌」（精神薄弱問題史研究会『人物でつづる障害者教育史　日本編』、pp.140-141、1988年、日本文化科学社）。
- 橋本明「精神病者私宅監置に関する研究」（愛知県立大学『文学部論集（社会福祉学科編）』、第53号、pp.149-162、2004年）。
- 後藤陽夫「愛知県立精神病院初代院長児玉昌博士の生涯と業績」（精神医学史学会『精神医学史研究』Vol.9-2、pp.95-108、2005年）。

≪岡崎師範学校卒業、後年劣等児教育へ≫

小 林 佐 源 治
(1880 ～ 1964)

　1880 年に愛知県八名郡八名村一鍬田 (現愛知県新城市一鍬田) の農家
の長男として生まれる。1887 年に八名郡立八名高等小学校に入学する。
藤森校長のすすめにより、1898 年に尋常小学校の准教員の免許を取得
し、母校の一鍬田尋常小学校の准訓導となる。1899 年に愛知県第二師
範学校 (岡崎師範学校　現愛知教育大学) の簡易科に入学する。1901 年
に同校を卒業し、その 4 月より愛知第二師範学校に就任する。この頃ド
イツのマンハイム・システムに関心をもつ。1908 年に東京高等師範学
校附属小学校へ転任する。同校部長の樋口長市のもと、第三部に属し、
特別学級の担任に抜擢される。1912 年に特別学級が 2 学級になり田島
訓導とともに担任する。指導困難とされた複式編成学級や低能児学級の
指導法を探求し、大正新教育運動期に活躍した。1915 年に特別学級か
ら普通学級の担任へ移る。生涯一学級担任として多くの著書、論文を著
した。1931 年に教育視察のため欧米 (主にドイツ、アメリカ) に派遣さ
れる。1939 年に東京高等師範学校附属小学校の訓導を退く。これまで、
附属小学校において、国語教育、修身教育あるいは学校経営等の各方
面にわたって、全国初等教育の指導者としてその名をとどろかせたが、
1939 年に東京高等師範学校附属小学校の訓導を退き、その後、傷痍軍
人中等学校教員養成所に勤務する。1943 年に東京工業専門学校に勤務
する。1964 年に死去する。享年 83 歳。

　小林は劣等児教育の実践者という印象が強いが、ここではまずは愛知
における教育実践を取り上げてみる。愛知第二師範学校附属小学校では、
1904 年より二部教授研究を行っていた。これは就学児童の増加に伴う、
教員不足、教室不足を克服するために、全国の師範学校附属小学校で研

究されたもので、児童を二部に分け、時間差を設けて登校させるもので
ある。いわゆる複式教授である。同校では、まず尋常一学年と二学年
の児童80余名を半分ずつに分け、一二学年の複式として二部に編成し
た。翌年には第一学年を第一部、第二学年を第二部として単式の二部教
授を行った。小林は1904年から1906年まで二部教授学級担任を務め
た。ただ、この頃の複式教授（二部教授）の学級経営については、「その
成績に於いても此を普通編成に比し大いに劣る」「身体強健にして熱誠
なる正教員ならば、決して不可能ならずや、学年相当の知識を彼等に興
ふ、必ずしも非なりと云ふべからず」として、教師の労力の割には効果
が得にくいと指摘していることから、普通学級担任時代には必ずしも複
式教授（二部教授）に対して積極的な評価をしていなかったと思われる。
特別学級担任になったことで、その必要性について考えが変わっていっ
たのだろう。

　次に、特別学級での学級経営を取り上げてみる。複式編成学級が主で
あって、個別化、個性化の教育が展開されていた。「自学中心学級経営」
を志向した教育であり、大正新教育運動期での試みであった。明治末期
から大正期にかけて、学級担任が教授細目をつくり、学級経営に担任自
らがあたるというスタイルが確立する中で、児童に最も近い位置にいる
学級担任が教育方法改善に取り組むようになったのである。換言すれば、
児童の実態や学級の実態に即した教育をしようと、教育方法や教育内容
を改良したのである。

　また、この頃、就学率が向上したため、心身発育不完全な児童がどの
程度学校教育に適応できるかを実験的に明らかにすることが、師範学校
附属小学校の実践課題であったとも理解できる。

　第一に、小林の「本性を発展させる」という教育観からわかるように、
児童本位の能力に応じた教育を求めていた。さらに、「今の日本の学級
編制は穎才も魯鈍も乃至不完全児童もみんな雑然と同一の場所に、同一

の教材に、同一の方法に、同一の教師に依つて教へられて取扱はれてゐる」とし、「偏頗な發達」という教育についての問題意識をもっていた。

　第二に、児童の実態把握が困難であった。学力検査、知能検査、身体検査の方法と結果については多面的で客観的で詳細な記録がなされている。こうした記述方法には単なる実践者というより研究者の立場をも感じさせるものがある。

　第三に、対象児は劣等児に限られ、学校で普通児といっしょにはおれないことから特別学級を設置した。

　『劣等児教育の実際』(1914 年) によれば、便宜上、諸学説をふまえて、劣等児 (広義) を劣等児 (狭義) と低能児に、白痴児を軽白痴と重白痴に分けている。ただ、「人の心力は容易に之を鑑別すべからず」としていることから、その鑑別には慎重であることを要求して、精神・身体・環境の各側面の総合的な分析を大切にし、その上で教育上の手がかりを得るための実態把握を探求、実施していたのである。教育方法は、「普通の児童に對するよりも、一層度強く適応す」という立場から、①直感的に行ふ、②多くを教へず少く授けて能く之を練習す、③個人的に教授す、④児童をして発動的に学ばしむべし、⑤実際的の智識を重んずとなっている。

　最後に、著名な教育実践家になった小林の心の内には、常に高等小学校時代の藤森校長との思い出があったと思われる。『郷土 22 号』(1904 年 1 月発行) に「藤森校長を懐う」と題して以下のように述懐している。「この高等小学校に入ったのは明治 20 年で、名も八名郡立高等小学校といい、生徒は西遠地方から八名郡を中心に、南設楽からそれぞれ藤森校長の名声を慕って集まった者ばかり・・・(中略)・・・ちなみに教室における主要教科目の筆記は、生徒各自が毛筆で文語文で書いた。有名な札幌農学校のクラーク博士は帰米の際学生に、「Boys be Ambitious」と言ったが、藤森校長は氏にまさるとも決して劣るなき大

理想をもって、自ら教育の権化となり、これを接するもの咫尺するもの、ことごとくその熱火に燃えた。さらに言いかえると、脈々たる藤森火山脈は、かの富士火山脈のごとく炎々と東三河と西遠に火の玉となって燃えたのである」。目標とした教師像がよくわかる文章である。

【参考文献】

- 平田勝政「戦前の教育実践分野における『精神薄弱』概念の歴史的研　究 I（上）－東京高師附小『特別学級』歴代担任教師の検討を中心に－」（長崎大学教育学部『教育科学研究報告』、第 45 号、pp.139-152、1993 年）。
- 小川英彦「劣等児教育に関する歴史的研究 I －小林佐源治の実践思想の検討－」（日本福祉大学社会福祉学会『福祉研究』、80 号、pp.76-83、1996 年）。
- 深谷圭助「小林佐源治の学級経営論（1）」（中部大学『現代教育学部紀要』、第 3 号、pp.89-98、2011 年）。

≪視覚障害当事者・授産施設の開拓者≫

近 藤 正 秋
(1913 〜 1997)

　1913 年に愛知県御器所村大字広路 (現名古屋市昭和区川名町) に生まれる。1931 年に醤油醸造店に入店、1934 年に騎兵第三聯隊に入隊、翌年に濱江省の戦闘において顔面貫通銃創を受けて両眼を失う。1935 年に愛知県立盲学校入学、1938 年に失明軍人教育所師範部入所、同時に官立東京盲学校中等部鍼按科を研修する。卒業後の 1940 年に愛知県立盲学校教諭となる。1945 年に同校を退職し、名古屋市昭和区塩付通で鍼按治療院を開業する。1946 年に愛知県盲人福祉協会を創立し理事となる。1951 年に社会福祉法人名古屋ライトハウスに改組し、理事長になる。身体障害者援護功労者として名古屋市長や厚生大臣より、戦傷病者援護功労者として愛知県知事より表彰される。1973 年に藍綬褒章を受賞する。

　地域の盲人団体や事業体の活動が将来にわたっても存続していくようにと願い、愛盲報恩会という基金を設立した。

　1935 年に戦傷失明という思いもかけない試練に遭遇し、光明から一転して暗黒の世界へ。1945 年の敗戦で視覚障害者は生活のつてを絶たれる致命的な事態となり、その辛酸は並大抵のものではなかった。その絶望感をふりきって、諦観し再び平穏な心を取り戻すまでの道は決して平坦ではなかったと述懐している。その支えになったのが座右の銘である「運命を愛し希望に生きよ」であった。

　愛知県立盲学校に入学して、児童生徒といっしょに教育を受けながら、失明傷痍軍人に対しては国が立派な教育機関をつくるべきであると考えるようになった。1938 年に上京して厚生省の傷兵保護院 (のちの軍事保護院) を訪れ、失明軍人のために教育所を創設することを進言した。こ

の進言が実を結び、失明軍人寮と失明軍人教育所が開設された。教育所の師範部の第一期生として卒業後、郷里の愛知県立盲学校の教壇に立ち、歴史と数学を教えた。1945 年に同校を退職するが、世の中を見渡すと不遇な人々があまりに多い。これらの人に対する福祉事業こそ、全生涯をかけるに値する仕事であるという使命感のもと、愛知県盲人福祉協会を設立して、社会福祉事業の第一歩を踏み出した。

　1946 年に愛知県立盲学校の教師である片岡好亀と協力して、共同治療所を開設した。また、終戦の混乱期に家族を失い、職業に就けない視覚障害者を一人でも多く受け入れ、いっしょに働いて苦境を乗り切ろうという決意から、同年の 10 月に愛知県盲人福祉協会を設立し、一階を共同治療所、二階を愛盲ホーム「光和寮」とした。地域の視覚障害者に生活の場と職業の場を提供したのである。

　しかし、近藤の夢は鍼按業以外の新職業の開拓にあったことから、名古屋市昭和区塩付通りに新たに 2 階建ての家を購入して、一階を金属作業場、二階を事務所とした。また、盲人福祉協会を社団法人に改組して社団法人愛知県盲人福祉協会を発足させた。

　以上のような経緯で金属工場が発足した。ここでは回収した空き缶を延ばして板金にするという作業を行った。この新事業を開始するにあたり、近藤は大阪の日本ライトハウスで実地研修を体験した。この経験が1957 年に社会福祉法人の名古屋ライトハウスを設立し、理事長として金属作業場を経営することにつながっている。この実績は厚生省に認められ、1958 年に厚生省委託施設へと発展して、国からの助成金を受けられるようになった。近藤の事業開拓の根幹には「どんなに困難にぶつかっても、逃げてはいけない」という信念があった。

　名古屋ライトハウスが働く障害者の希望の家として、また失明者の行く手を照らす「灯台」としての役割を果たしてきたのであるが、愛知県立豊橋盲学校教諭の内山武志が近藤の横顔を紹介しているのでここに掲

げておく。（近藤正秋『試練を越えて』、pp.154-156）

①決断と実行の人

　盲人の新職業開拓の必要を説いた人は多く、その歴史は長い。しかし、その多くが空論に終わった中にあって、金属作業という新しい職種を開拓された業績は誠に大きいと信じます。これこそ近藤氏の捨身の戦法と陣頭指揮によるたまものと考えます。

②非凡な経営手腕

　名古屋における屈指の製罐業者として経済界の荒波を乗り越え、はげしい業界の競争にうち勝って今日の大を築かれたのは、彼の非凡な経営手腕を立証するものと考えます。とかく精神主義者や文化人の指導者の多い盲界にあって異色の存在といいたいのであります。

③筋を通す快男子

　「名古屋ライトハウスの近藤はあっても近藤の名古屋ライトハウスであってはならない」これは近藤氏が理事長職を先輩であり同志である片岡好亀氏にゆずるに当っての退陣の弁だと聞きました。会長亡者や役員病者の多い盲界において、なんというさわやかな話でしょう。協会創立当時から近藤、片岡ラインということばがよくささやかれたものでした。一見全く性格が違うようにみえる両氏、いずれそのうち喧嘩わかれでもするだろうという予想を見事に裏切って、三十年水ももらさぬコンビを組んできた秘訣がこのあたりにあったのかと、今更ながら敬服している次第であります。

　なお、1948年10月23日には、ヘレン・ケラー女史が愛知県盲人福祉協会に視察激励に来日した。トムソン秘書に手を引かれて車から降りてくる女史と近藤は堅い握手を交わしている。

【参考文献】
- 近藤正秋『試練を越えて』、愛盲報恩会、1974年。
- 谷合進『盲人福祉事業の歴史』、明石書店、1998年。

名古屋ライトハウスの歌

岡戸武平　選
吉川孝子　作詩
横井圓生　作曲

1. 愛の光にほのぼのと
   燃ゆる世紀のあさぼらけ
   いまぞひらかん新天地
   ライトハウスの鐘は鳴る

2. とこよのさだめ身にうけて
   若きいのちの青春を
   嘆く彼方に幸あれと
   神はほゝえむ新職場

3. 憂きもなやみも喜びも
   共に分ちて今日も又
   はるけき空に祈りつつ
   希望に生きる新職場

4. いざや進まんわが友よ
   けいきよくの道ふみしめて
   光溢るる花ぞのへ
   ライトハウスに栄あれ

≪幅下小学校のゆり組の開級≫

斉 藤 キ ク
(不詳)

名古屋市立幅下小学校の「ゆり組」が開級されたのは1954年である。1953年に名古屋市教育委員会より道徳教育研究指定を受け、対象となる問題児を乱暴な反社会的な場合と発達の遅れがある非社会的な場合とした。後者の指導をめぐって事例研究を4つの協議会で検討した結果、精神薄弱児は、これに適した環境と、能力に適合した方法により指導することが、彼らの幸福であり、教育上必要なことであるという結論に至ったことが開級の契機である。

その担任には斉藤キクが、副担任には養護教諭の望月あさ子が就いた。斉藤はゆり組について、「学級を担任して一番困ったことは相談する相手のなかったことでした。何をどう教えるのか、どう教えたらのってくるのか、尋ねようにも経験者がありません。目前の子どもは一口に精薄児童といっても、言語不能の白痴から、IQ75の放浪性のある魯鈍まで誠に複雑多岐でありまして・・・夏休みに文部省主催特殊学級指導者講習会に参加しました」と苦労を述べている。人数は15人程度、知能指数は70以下を基準としていた。

教育方針は、「児童の実態を把握して、個人の興味、能力に即応した指導をする。身近な生活に必要な指導をする。集団生活を通じて、社会性を養う、心身の健康指導に努める。作業を通じて生活態度の指導をする。感覚の陶冶を行う」となっている。生活指導に力点が置かれていたことが特徴である。

具体的目標は、「①身のまわりのことがひとりで出来る。②みんなと楽しく生活していける。③何か出来る人間を作り上げる」となっている。

これらの教育方針と具体的目標から、個人の能力に応じた指導が前面

に打ち出され、社会性と協調性を培うことに特徴があったと評価できる。

　1954年の教育課程は「生活指導単元」と称され、日常の基本的な生活態度を身につけることが重視され、よって1時限目には挨拶、清潔検査、話し合い、絵日記といった指導内容が考えられていた。さらに、年間計画は行事と単元に関連をもたせて組まれていた。「基礎学習」では算数と国語を扱い、一斉指導と個別指導の両指導形態で行われた。「一般学習」は見学という社会科的教育内容と動物飼育・観察・栽培という理科的教育内容から構成された。「技能学習」では音楽と体育と図工を扱い、特に体育の時間内に健康衛生面への指導を怠らないように留意された。

　後に、同じ西区に菊井中学校が設置され、幅下小学校を卒業する精神薄弱児に就学先が開かれた。加えて、両校が主導的役割を果たして、西区特殊教育研究会を発足させ、同年度末に愛知県特殊教育研究会が組織されるなど、精神薄弱児教育への気運を高めるのに貢献した。1954年には特殊学級担任も含め、全市的に名古屋市特殊教育研究会が作られた。初代委員長は鈴木卯吉（穂波小学校長）で、精神薄弱児の幸福をめざしてその実態を把握し、心理的研究を進め、それに基づく教育の推進をはかると同時に特殊教育の普及発展に尽すという趣旨のもと第一歩を踏み出したのが特徴である。

【参考資料】
- 小川英彦「戦後における精神薄弱児学級の成立－名古屋市の旭白壁小、菊井中、幅下小の検討－」（日本発達障害学会『発達障害研究』、第15巻第1号、1993年）。

≪わっぱの会の設立≫

斎 藤 縣 三
(1948 〜)

　1948 年に生まれる。1968 年に FIWC 東海委員会という学生サークルに参加する。1969 年に共に生きる場づくりの共同体建設運動を開始し、1971 年に「わっぱの会」（共同生活体集団）を創立する。1972 年にわっぱ共同作業所、1984 年にわっぱん（パン）づくりをスタートさせる。1987 年に社会福祉法人「共生福祉会」を設立する。1990 年にわっぱ企業組合（法人）を設立する。1993 年に生活援助ネットワークを始め、1999 年にリサイクル福祉をスタートさせる。2001 年になごや職業開拓校の校長に就任する。2004 年に特定非営利活動法人わっぱの会を設立し理事長に就く。2015 年になごや仕事・暮らし・自立サポートセンター大曽根のセンター長となる。障害者、健常者の共同労働、共同生活「わっぱ」の中心メンバーとして活動を展開する。

　わっぱの会設立以来の主な活動は次の四つである。

　第一に、共に生活する場の実現である。1971 年の活動開始から障害のある人も地域の中で共に生活できるよう「共同生活体」をつくってきた。障害のない人もいっしょに暮らすことができることになり、その関係は職員と利用者ではなく、同居人という関係にある。

　第二に、共に働く場の実現である。当時は働く場がないことから，誰もが共に働く場をつくる活動を展開してきた。業種は、パン菓子製造、リサイクル、農場、給食、販売店舗、カフェレストランと多岐にわたっている。1984 年から始めた無添加・国産小麦のわっぱん（パン）づくりは、全国の先駆けとなり、食の安全にこだわったパンづくりは当会のその後の飛躍の原動力になった。

　第三に、就労の援助である。1990 年代後半、自らの共働事業所だけ

でなく、広く一般の会社・団体でも障害者が働く機会を増やすべきという考えから、障害者就労援助センターという看板を掲げ、職安（ハローワーク）に代わって障害者の就労先の開拓に努めた。

第四に、生活の援助である。重い障害の人への介助を契機に、地域で暮らす障害者の自立を応援するための自主的な介助派遣のシステムをつくり、1994年に生活援助ネットワークを立ち上げた。

当会の目的は、差別をなくし、障害者をはじめ社会的に排除された人々と誰もが、共に働き・共に生きる社会をつくるための事業を行い、真の共生社会の実現に寄与することにある。

現在特に力を入れている活動は、ソーネおおぞねを通して、共に生きる社会をめざす地域交流拠点づくりであって、福祉ー住まいー労働ー環境ー食ー市民活動をひとつに結びつける結束点の発想である。地域住民と障害のある人の自然な交流が生まれる場、カフェレストランにあるキッズスペースは多くの子どもで賑わい、障害者、高齢者、子ども、お母さんと世代を超えた交流の場となっている。

1984年に「共同連（差別とたたかう共同体全国連合）」を組織し、イタリアの社会的共協同組合にならって活動を展開している。ここでは、社会の中で差別され、働く場を失っている多くの人たちと共働し、今の営利を求め競争に走る企業ではない、助け合いと連帯の事業所をつくるという点から、従来の福祉の発想を転換させる必要性を説いている。

【参考文献】
- 斎藤縣三「わっぱの会ー社会的事業所をめざして」（『ノーマライゼーション　障害者の福祉』、2010年10月号）。
- 阿木幸男『ボランティア・パワーの行方ー反省的ボランティア論ー』（1999年、はる書房）。

≪侠客から榊原弱者救済所の設立へ≫

榊 原 亀 三 郎
(1868 ～ 1925)

　1868年に半田市成岩村のべっ甲細工を製造販売する店の次男に生まれる。若い頃は「べっ甲亀」の名で侠客の道に入り、20代後半には70名近い子分をもつ一端の親分だった。しかし、静岡刑務所に服役していた際の典獄(刑務所長)で監獄改良、出獄者更生事業家の川村矯一郎と、日本を代表する慈善家で天竜川の治水工事、木曽川上流の植林事業、静岡監獄の改良や刑期を終えた人の社会復帰を支援する出獄人救済事業をやり遂げた金原明善と出会い、金原の紹介で山岡鉄舟の門下生たちと交流し、30歳の時に心を改めると、20数名の子分たちも同じく改心させ、組を解散する。榊原は自分の目の前にいる子分たちのほとんどが貧困家庭に生まれ育った者であること、すなわち、犯罪者の大半は極貧家庭から生まれるという社会構造に対する疑問を感じていた。地元の無理解や資金不足という苦悩の中で、私財を投じ、半田市鴉根町(当時、知多郡成岩鴉根)の丘陵地にある広大な雑木林を子分とともに約2年間かけて開墾して、「新しい村」を造った。わが国において最初で最大といわれる民間の「鴉根弱者救済所」で、1899年から1930年にかけて世間から捨てられた人たちが、気兼ねなく安心して暮らしていた。

　ここで暮らすのは、貧しさのために捨てられた子ども、孤児、障害児、重病があって家を出された老人、刑期を終えて出所したのに行き場のない出獄者、不幸な身の上の女性、遊女の宿から逃げ出した女性などであった。道端や橋の下に人が捨てられているのが日常の時代で、救済所は、こうした捨て子や老病者を多く入所させ、成人まで育った孤児も数え切れない。榊原は晩年、「この世に一人の孤児もいなくなり、努力しても飯が食えない人が、一人もいなくなるまで救済事業は続ける」と主張し

た。世間から嫌な目で見られず、差別や偏見を受けずに暮らせる「新しい村」で、この間、延べ1万5千人もの社会的、身体的弱者が救われた。

敷地は約6万6千坪（約22万㎡）、そこに一般宿舎2棟、児童・婦人用宿舎、老人・病人用宿舎、作業棟（通称工場）、武道場、いくつかの礼拝施設などのほか、豚や鶏の牧場、農場、果樹園があり、大きな施設環境を整え常時50〜100人が生活していた。入所者は、早朝に起き、清掃、礼拝をし、外で働ける人は賃稼ぎ仕事に、そうでない人は救済所の作業棟や農場で働いていた。作業棟には食堂、浴室、事務室があり、榊原夫妻が寝起きしていた。武道場は入所者の鍛錬の場であるが、半田警察署の剣道場も兼ねていた。剣術師範でもあった榊原が教え、貴重な収入源であった。

開設当初は運営困難な状態であったものの、半田の有力者、豪商らの応援があり、軌道にのっていく。天埜伊左衛門（酒造家・衆院議員）、小栗三郎（萬三商店）、中埜又左衛門（中埜酢店）らの支援があった。

1925年、当時約4,000人の従業員がいた東洋紡績工場の食堂へ残飯（食べ残しは入所者に、残飯は家畜の餌にした）を貰うため馬車を引いて向かっていた榊原は、国鉄半田駅近くの小さなガード下で、偶然鳴った列車の汽笛に驚き暴れる馬に跳ね飛ばされ即死した。（DVD『榊原弱者救済所物語―一万五千人の未来を照らした男―』による）その5年後、世相が戦争へと走り出した影響も大きく、救済所は閉所された。榊原の偉業は忘れられていたが、半田市、はんだ郷土史研究会、半田市鴉根区、半田保護司会によって2013年に榊原救済所保存会が結成され、榊原弱者救済所跡公園がつくられた。その記念式典には約180名が参列し、絵本『いばりんぼうのカメ』（2013年、新葉館出版）が配布された。その地には、救済所を支援した地元の名士や篤志家91名の名を刻銘した記念碑があり、高く尊いその意志は生き続けている。記念碑の標題の書は、内務大臣、国鉄総裁を歴任した床次竹二郎によるものであり、榊原と政

界実力者の接点はおもしろい。裏面には、般若心経二千萬巻、念仏三億萬遍、大正九年十月　榊原救済事業　主管　榊原亀三郎とある。戒名は、慈悲恵院亀空良艦義道上座である。筆者も見学に行ったが、現在も竹林の中にその碑と説明プレートがある。

　当時は、富国強兵政策のただ中で、国民の貧富の差は極めて大きく、孤児や障害児が捨てられているのが普通の光景であり、また、前科のある人や障害のある人への差別も強い時代で、そんな人たちは職にもつけず、犯罪に走るケースが極めて多かった。

　この弱者救済所は刑余者の保護に目が向けられる点もあろうが、榊原の「放っておくと必ず悪の道に入る者を事前に救うことができる」「この世に一人の孤児もいなくなり、努力しても飯が食えない人が、一人もいなくなるまで救済事業は続ける」という言葉からわかるように、実は孤児や捨て子や障害児の保護が主眼であった。大正中期に発行された『成岩町沿革史』には次の記載がある。

　「榊原救済所ハ創立以来救済シタル総人数、約壱萬五千人」
また、「一、現今収容者」の項目に、
　「男　大人八人　狂人一、狂兼癈一、健康者五、老人一
　　女　大人三人　慢性病者一　健康者二
　　　　小人三人　慢性病者一　健康者二
　　右ノ外　大人三人、小人七人　名古屋駅ニテ石炭滓ヲ、灰トコークストニ分類スルニ従事ス」

とある。ここからは、入所者34名のうち、子どもが20名を占めていることがわかる。

【参考文献】

- 西まさる『幸せの風を求めて－榊原弱者救済所－』（2010 年、新葉館出版）。
- 西まさる「榊原亀三郎そして鴉根弱者救済所」（はんだ郷土史研究会『知多半島郷土史往来』、第 3 号、pp.83-90、2011 年）。

（筆者 2021 年に撮影）

≪私立岡崎盲唖学校の設立者≫

佐 竹 政 次 郎
(1878 〜 1931)

1878年愛知県赤坂町に生まれる。幼くして眼病のため弱視となる。1898年に岐阜聖公会訓盲院を卒業する。1903年6月11日に岡崎町大字康生で一小屋を借りて、盲生3名、聾生3名で授業を始める。8月15日に知事の認可を得て私立岡崎盲唖学校長兼教員となり、11月に康生西岸寺で開校式を行い、かつ盲唖慈善会を組織する。1904年10月に旧岡崎町役場跡に移転し、さらに1906年4月に康生町の真宗教校跡に移転する。

　教員時代は、自転車で駆けまわって、盲児聾児を集めたことでも知られている。開設時より経営の困難は名状し難いものであった。日夜基金の募集に回り、再三各所の寺で盲唖教育の実演をして啓蒙に努め、篤志家や各宗僧侶の援助を得た。きさ夫人も創立時から教員として佐竹校長とともに尽力した。佐竹の没後はその遺志を継ぎ、1943年まで在職し、40年間慈母として生徒に慕われた。

　1910年5月に『盲人用点字仏教書御文並に御伝抄』を出版して、仏教信徒の援助を得て、2,000余部を全国の盲人に贈った。1914年、外来患者を対象とする治療所が学校内に開設された。教員の指導のもとで生徒が臨床実習を実施したのである。その当時、盲学校附属治療所を置いているところはなく、岡崎盲学校が全国で初めてであったと評価されている。1915年に文部大臣の許可を得て財団法人とした。今上陛下御成婚に際しては、社会事業功労者として表彰され、金一封および銀盃を拝受した。この頃打上花火用球（三河地方で盛んに作られている花火の殻）を利用して盲人用凸地球儀を作成し、全国盲学校の要望に答えた。佐竹は、盲人の地理教育に熱心であり、触覚を利用して学習させることが重

要であるとして、近江八景を模した箱庭を製作したり、ベニヤ板を切り抜いた各種の地図も作ったりして、地理教材の整備に努めた。1927 年11 月に大元帥が陸軍特別大演習御統監のため名古屋に行啓の際、単独拝謁を賜った。1931 年病没。享年 54 歳。

　佐竹の教育観は、盲啞児童も帝国の臣民、陛下の赤子として義務教育を享くべき権利を有しており、市町村は国民教育を施すべき当然の義務があるとし、これに人情道徳上、社会政策上の理由を加えているのが特徴である。

　同校は、1947 年 4 月 1 日に愛知県に移管し、愛知県立岡崎盲啞学校と改称、翌年の 11 月 1 日に盲聾児童の就学義務制が実施されるとともに、盲聾分離に伴い、愛知県立岡崎盲学校と改称した。愛知県立岡崎聾学校に残る二宮金次郎の石像は、岡崎市内で最古とされ、『愛知県立岡崎聾学校創立 50 周年記念誌・五十年を語る』の沿革には、佐竹が引用した二宮金次郎の言葉も掲載されている。

【参考文献】
・ 荒川勇「昭和前期における盲、ろう教育運動」（日本教育学会『教育学研究』第 49 巻第 1 号、pp.64-66、1982 年）。
・ 「第 2 節　盲学校の発足」「第 3 節　聾学校の発足」（愛知県特殊教育の歩み編集委員会『愛知県特殊教育の歩み』、pp.9-25、1977 年）。
・ 「愛知県立岡崎盲学校（私立岡崎盲啞学校）創立者校長　佐竹政次郎」（鈴木力二『図説盲教育史事典』、p.50、1985 年、日本図書センター）。

≪愛光園、ひかりのさとの会を創設≫

皿 井 寿 子

(1934 ～)

　1934 年に名古屋市に生まれる。愛知県立瑞陵高校を卒業して、1955年に東京の自由学園生活学校（羽仁もと子設立、キリスト教精神に基づいた教育実践）を卒業する。その後、名古屋市内の乳児院の保母などを経て、アパートの一室で重度の障害のある子どもの託児所を始め、1965 年 4 月に愛光園を設立、社会福祉法人愛光園の理事、肢体不自由児通園施設の愛光園、身体障害者療護施設のひかりのさと・のぞみの家、精神薄弱者厚生施設のまどかなどを増設していく。

　皿井は、乳児院の保母時代に、肢体不自由児施設を見学して、重度の障害ある子どもたちが全く支援なく暮らしている実態に衝撃を受け、1ヶ月間脳性まひの子どもの面倒をする中でその変容に感銘を受けた。その後、止揚学園で障害児への関わりについて学んだ後、1963 年に名古屋市のアパートにおいて脳性まひで重症障害の 4 歳の子を預かったことから皿井の活動が始まった。1965 年に大府市共和町の高台に設立された愛光園は、愛知県下では全く皆無であった重度・重症障害児の通所型施設としての嚆矢であった。最初の入園者は布目雅裕である。後に皿井は活動を始めた当初のことを「どこにも行けない重い障害をもった子どもたちのために、せめて遊び場だけでもと願って始めたのですが（略）子どもたちに教えられ、突き上げられつつ夢中で過ごしてきた」と回想している。1960 年代といえば、糸賀一雄のびわこ学園、小林提樹の島田療育園が開始されたくらいで、重症心身障害児への取り組みはほとんどない時代であった。愛知県内では別ページに紹介するように愛知県コロニー内にこばと学園が 1968 年に出来るが、それよりも前の先駆的な実践であったと高く評価できる。この愛光園の実践向上にあたっては、

皿井自身の奮闘努力、キリスト教思想を拠り所とすることはもちろん、職員の血の滲むような協力、賛同者、ボランティア、保護者らの力の総結集があった。

皿井には多くの協力者がいたが、最大の協力者は、東浦町の約6万坪の土地の提供者であった日高昇（当時愛知県会議員、妻が自由学園での皿井の後輩にあたる）である。愛光園の卒業生のため、競走馬を育成する広大な牧場の片隅の土地を貸してもらい、18歳を過ぎた成人の施設「ひかりのさと」の建設が動き出した。「ひかりのさと」という名称について皿井は、「誰もの心が、ふとそこへもどりたくなるような、暖かい愛の光のふるさととなることができますように。また、『この子らを世の光に』とその理想の光をかかげられた、故近江学園園長、糸賀一雄先生のいわれたように、地域社会の大きな運動の中核として働くことができますように」という願いをこめて命名している。また、愛光園の後援会である「ひかりのさとの会」が1974年に保護者が中心となって結成された。

「ひかりのさとの会」設立への思いをひとつの理想図として表わしたのが基本の願いである。長くなるが今日までの実践理念ゆえに引用する。

1. 障害があろうとなかろうと、人間として生きることの尊さをみつめ、お互いに助けあい、許しあいつつ、共に生きていこうとする人々に集まっていただきたい。

1. どんな重い障害があっても、その人にふさわしい住居や設備、働き、生き方を考え、自己実現できる状態にしたい。

1. 自給自足を基本的な生き方として、手づくりの心を忘れずに、ぜいたくをせず、無駄使いをつつしみ、物を生かしきる生活にしたい。

1. 各人の信仰、思想は尊重し、個人の生活も大切にしたいが、ひかりのさとの住人としては、すべて白紙の状態で、理想にむかって共に歩んでいきたい。

1. ひかりのさとが単なる閉鎖的な小社会になってしまうのではなく、地域社会とのつながりをもち、人間社会の一つの理想として輪を広げていくことのできる中核としたい。
1. 理想をめざして、お互いの意見を語りあい、謙虚な気持ちをもって実行にうつしていきたい。
1. 経営者と労働者、管理者と収容者という対立をなくし、共に生きる者として、同じ立場にたって考えあうあり方にしたい。

そして、「障害者のための施設づくりというよりは、人間としての理想郷を夢みたことになり（略）自覚した人たちが、共通のねがいのもとに一致してつくりあげていくものでありたいと思います」と結んでいる。（『ひかりのさとの会』趣意書より）

創立以来、「共に生きる」の理念を掲げ、誰もが人間としての尊厳を保たれ、安心して共に生きる社会をめざしている。ホールには「共に食いて感謝し、共に働きて感謝し、共に学びて感謝し、共に考えて感謝し、共に楽しみて感謝する」と書かれた大きな書がある。上記のように経営者と労働者、職員と利用者という対立は一切なくし、共に生きる者として、同じ立場に立って考えあうあり方をめざしてつくられた「共同生活の場」である。福祉施設の理想的とすべき姿を感じさせられる。皿井の根本的な考えには、身体障害や知的障害が問題ではなく、人間はお互いに助け合い、その人間のもつ可能性を限りなく追求しようとする思想があると思われる。

ひかりのさとの会の設立趣旨をみると、近江学園の創始者である糸賀一雄の実践理念を継承していることが明らかである。それを象徴するのが、農業を重視したことである。それは食事、すなわち生きることに重きを置いたことに他ならない。また、障害者の自己実現ができる場所としての施設でない施設をめざしたこと。さらに、そこに人間としての理想郷を思い描いた発想は、糸賀とともに生きた田村一二の「茗荷村」の

発想とリンクする。

　皿井の活動は、重度の障害のある人から高齢の人、発達につまずきの
ある子ども、就労支援、施設入所支援から地域支援・在宅支援など幅広
く展開しているのが特徴である。2000年までの事業拡大について列挙
してみると次のように多数にのぼる。

　・身体障害者療護施設「ひかりのさとのぞみの家」(1978年)
　・知的障害者入所更生施設「まどか」(1985年)
　・知的障害者通所更生施設「愛光園」(1989年)
　・老人保健施設「相生」(1996年)
　・知多地域障害者生活支援センター「らいふ」(1997年)
　・身体障害者通所授産施設「ひかりのさとファーム」(1999年)
　・身体障害者福祉ホーム「びわの木」(1999年)

　愛光園は、糸賀の思想と実践理念を大切にして愛知県下での活動を
展開してきた。そしてそれはより大きな形で「ひかりのさとの会」とし
て結実して、その結果、多数の施設を利用者のニーズに応じて創設でき
た。1991年に地道に献身的な人権活動を続けている人を讃えた愛知県
弁護士会人権賞を表彰された。

【参考文献】
• 皿井寿子『光をみつめて－愛光園の20年－』、1986年、風媒社。
• 滝村雅人、小松祐子「"愛光園"の理念と実践の研究」(名古屋市立大　学人文社
　会学部『研究紀要』、14巻、pp.57-76、2003年)。
• 滝村雅人、小松祐子「"ひかりのさとの会"の研究」(名古屋市立大学人文社会学
　部『研究紀要』、16巻、pp.41-64、2004年)。

≪あさみどりの会理事長、ボランティアの先駆け≫

島 崎 春 樹
（1934 ～）

　1934 年に岐阜県郡上郡弥富村（現郡上市大和町）に生まれる。山奥の小さな村落で 28 歳まで農業をしていた。生き方の原点は戦中戦後の村の暮らしと述懐しているように、あさみどりの会が「ゆるやかな共同体的風土づくり」を標榜し続けたのは、良い人間関係を維持できる「人間力」を身につけることを求めたからである。

　戦後復興の中で、実家の農業を手伝いながら青年団に入り、子どもや若者のための活動に邁進した。この時の「人の役に立つ喜び」「ひとりではできないことが集団の力で実現する」「人と信頼関係で繋がっている安心感」の体験も、あさみどりの会の職員集団づくり、父親のグループ育成、母親の自主活動の原点になっている。

　21 歳のとき、研修助言者であった名古屋大学教育学部の小川利夫と出会い東海社会教育研究会に参加した。曹洞宗のお坊さんの岡本幹翁師との出会いを契機に、岐阜県の養護施設の児童指導員になり、妻が保母をして起居をともにする中で、初めて「福祉」「ボランティア」という言葉を耳にした。6 年間の経験で「人間とは何か」について深く学ぶこととなり、当時の福祉施設はどちらかというと閉鎖的であったが、外の風を入れたいと積極的にボランティアを受け入れる考えをもつに至った。

　名古屋に移ってからは、1968 年に、東別院青少年会館において青少年教育の仕事に就いた。養護施設時代に、施設を卒園して社会に出たあと不幸な状態になっていく子どもたちを見て、そうならないようにアフターケアが必要であると感じたことが大きな動機であった。

　あさみどりの会との出会いは、創始者の伊藤方文に出会い、糸賀一雄の「この子らを世の光に」の言葉に伊藤とともに共鳴したことであった。

そして、「心身に障害のある人とのかかわりを通して、ボランティアの心を育み、すべての人々が共に良い人生を送れる社会づくりを行う」という会の基本理念を掲げるようになっていった。

　会の企画のひとつであった「心身障害児のためのボランティア療育援助研修会」の担当を任され、名古屋市内で最も早くボランティア講座を立ち上げた。その目的は、ボランティアを学んだ人たちが全国に散り、それぞれの地域でまた活動する。彼らと交流しながら、ネットワークを通して、とにかくボランティア活動を広げる、ボランティアを運動として広げることにあった。

　1972 年に社会福祉法人あさみどりの会が設立認可され、1975 年にさわらび園の園長に迎えられた。伊藤が 1979 年に死去しているので 11 年間の二人三脚の活動であった。その後、初代理事長の堀要、2 代目の北野博一、3 代目の村上英治のあとを引き継ぎ、島崎が 1995 年から 2014 年までの長きにわたって理事長に就いた。1995 年に知的障害者自立援助の館であるべにしだの家を中村区鴨付町に、2002 年に通所授産施設であるれいんぼうワークスを海部郡佐屋町に開設するなど、多くの施設を開設し、事業を拡大した。

　2014 年 3 月 29 日には、あさみどりの会は「糸賀一雄記念賞」を受賞した。今日なお「世の光になる」活動を社会に発信し続けている。

【参考文献】
• あさみどりの会「療育援助－心身障害児 (者) のためのボランティア活動－」、No. 485、2015 年。
• なごやのボランティア史編纂委員会『なごやボランティア物語』、2020 年、風媒社。

≪戦前の精神薄弱児施設　八事少年寮の創設≫

杉 田 直 樹
(1887 〜 1949)

　1887 年に東京の西片に生まれる。第一高等学校を経て、1912 年東京医科大学を卒業する。呉秀三と三宅鑛一の門下生である。翌年、同医科大学副手となり、独墺仏の諸国へ、1915 年からは米国へ文部省外国留学生として留学する。1921 年医学博士となり、同時に東京帝国大学助教授となる。多くの医科大学で教鞭をとる傍ら、文部省の依託を受け、低能児教育に関する調査、感化院収容児童鑑別の調査を行う。1927 年に東京府立松沢病院副院長になり、1931 年名古屋医科大学の初代精神病学講座教授となる。

　1936 年に同付属病院内に小児科と協力して、「子どもの問題一切の医学的の相談に応じ、必要な忠告と治療への指示を保護者に与へることを目的」とした「児童治療教育相談所」を設け、精神薄弱児も含めて児童問題への対応にあたった。1937 年 4 月杉田を理事長とした財団法人「九仁会」を組織し、私財を投じて精神薄弱児と性格異常児のための治療教育施設「八事少年寮」を開設した。主な対象児は、性格異常、精神病、精神薄弱であり、乳幼児殺害児童、放浪癖児、教護院入所不可と鑑別された者も多く含まれていた。年々対象児の障害の重度化が進み、戦時中は個人や団体からの寄付金も減少したため経営規模を縮小して、主に県からの補助金と杉田個人の財によって運営されていた。場所は名古屋市昭和区川名町であった。九仁とは、①悩める人の辛苦を救い、②労づく人の病を癒し、③運つたなき人の不幸を除き、④世にそむく人の不幸を和らげ、⑤悲しむ人の愁いを慰め、⑥正しき人に喜びを与え、⑦弱き人に力を添え、⑧愚かなる人に知らざる所を教え、⑨迷える人を光明に導くである。九仁会は八事少年寮開設のために杉田が組織したものであるが、

施設に公共性をもたせるために県下の学術界・政界・財界の関係者が理事や顧問に就いた。三宅鑛一や三田谷啓らの賛助会員の名前もみられる。

　開設の際の挨拶では「天のものは天にかえせという。私は教授として俸給をもらっているほかに異常児のことを書いたりしゃべったりして余分のお礼をもらってきた。これは異常児にお返しすべきであろう」という言葉を残している。この言葉からして、人柄は誠に丁寧、礼儀正しく謙虚で、物事の整理整頓も正しく生活も実に秩序立っていて、温厚な性格であった。学生に対する講義も誠に流暢で文筆に秀でて、講演ラジオ放送等に活躍し、精神医学の啓蒙に大きく貢献した。

　八事少年寮の開設の経緯は次の通りである。1927年に医師の杉山亮によって名古屋市に八事脳病院が開設されたが、まもなく院長が死去したため閉院となった。杉山未亡人からの相談があり、1937年に杉田が同病院を買収して、建物を改造して収容室、運動遊技場設備、教育娯楽設備、診療室設備、治療教育学的研究設備を整えて八事少年寮を開設した。また、嗜眠性脳炎が大流行した昭和10年前後、脳炎の後遺症として性格異常児が多く出たことや、非行少年や要教護児童には医療を必要とする子が多くいたことも開設の動機となった。

　八事少年寮は名古屋で唯一の精神薄弱児を対象とした施設であり、その目的は、「医学と教育との両方面から異常児童の治療と知能及び性格の改善を図る」ことであった。医師及び看護婦が子どもたちと寝食をともにすることで、子どもの発達を促す治療的な環境を提供し、情緒的な指導を行った。ひとり一人についてのケースカンファレンスを何度も繰り返し、一人の子どもをどうしたらよいかを徹底的に討議していた。

　治療教育の実際方法は、①養護、②教導、③叱責、④模範、⑤実務、⑥協力、⑦訓練、⑧運動、⑨治療、⑩発育促進、⑪自律が行われた。これらの実際方法は、治療教育の方針を具現化したものであり、医療的処置をベースにして、生活と教科と養護面に働きかける方法論であったと

評価したい。分類・症候論と病理論の所見から治療教育方法が案出され、実践的に応用し、目的を達成するのが治療教育学の内容であった。その実際の場こそが八事少年寮なのであった。

　職員は、八事少年寮内の一室に居を構えた杉田（夫人は在京）のほかに、岸本鎌一や堀要らの門下生、伊庭らの教護院教員経験者、数名の保母ら、炊事人であった。名大精神科から医師が来ていたことが他にはない大きな特徴でもあったといえる。当初は、幼児から18歳までの約30人を対象としていた。

　八事少年寮は、寮長の死後、受け継ぐ医師がいなかったため衰退し、いったん閉鎖されたが、1949年に杉田が死去する直前に財団法人昭徳会（中部社会事業短期大学、現在の日本福祉大学）が事業を継承することになった。寮内には小・中学校の特殊学級が併設され、名古屋市の障害児教育の発端となった。今日では「三好学園」として豊田市の山間において存続している。

　杉田の精神薄弱概念の特徴は、知能の遅滞だけが本質ではなく、生活年齢や生活経験の問題に注目して、精神薄弱という障害を社会生活適応性の視点からとらえている点にある。加えて、生活年齢や経験の発達的意味に留意して、精神薄弱児の生活や教育に取り組むことが重要であると訴えた点にある。ここに、今日を先取りするかのような先駆的な考えがあったことを評価したい。

　さらに、児童精神病学を構築しようと試みたこと、何ら支援がなされなかった子どもたちへの着手、医療と福祉のリンケージなどが大きな特徴であり、やがて教育に展開された。

　杉田の業績は、①脳の形態学研究、②精神分裂病の病因研究、③児童精神医学についての開拓、精神薄弱の研究に大別される。

　愛知県での活動は多面的であり、名古屋少年審判所嘱託、愛知県少年鑑別所嘱託のほか、補助学級児童調査、細民地区児童調査、感化院収容

児童鑑別調査などの社会精神学的調査を行った。

　著書には、1923 年に『低能児及不良児の医学的考察』、1924 年に『異常児の病理』、1935 年に『治療教育学』、1936 年に『社会病理学』などがある。1942 年に日本精神神経学会において精神薄弱についての宿題報告をした。1940 年に名古屋帝国大学教授になり、1946 年から愛知県立城山病院院長を兼務した。かねてより糖尿病を患っていたこともあり、1949 年に名古屋大学を辞め、東京医科大学に転ずる準備中に狭心症で急逝した。享年 63 歳。

【参考文献】
- 藤島岳「杉田直樹」(精神薄弱問題史研究会『人物でつづる障害者教育史　日本編』、pp.122-123、1988 年、日本文化科学社)。
- 小川英彦「杉田直樹の『治療教育』の思想(Ⅰ)」(精神薄弱問題史研究会『障害者問題史研究紀要』、第 33 号、pp.27-38、1990 年)。
- 高橋智「戦前の精神病学における『精神薄弱』概念の理論史研究」(日本特殊教育学会『特殊教育学研究』、35 (1)、pp.33-43、1997 年)。
- 山崎由可里「八事少年寮」(茂木俊彦『障害児教育大事典』、p.793、1997 年、旬報社)。

≪法音寺系の始祖・ハンセン病救済事業から≫

杉 山 辰 子
(1868 〜 1932)

　1868 年に岐阜県羽島郡笠松町八幡に名主・杉山定七の次女として生まれる。幼少の時より仏に仕える志篤く、19 歳にして天眼通を得る。深山に入り断食、水行数十回、遂に仏道の奥義を極め、二祖の村上斎（いつき）と協力して、1909 年 1 月に愛知県愛知郡清水町（現在の名古屋市北区清水町）に仏教感化救済会を設立する。

　妙法蓮華経の宣布、思想善導、感化救済事業に東奔西走して、1932 年遷化。その事蹟をもって「安立行菩薩（あんりゅうぎょう）」の再誕と称えられる。戒名は「広宣院殿安立大法尼」である。

　1909 年に法華経の理念・本義により、慈悲・至誠・堪忍の精神（三徳）を根底におき、宗教活動と救済活動を行うため、仏教感化救済会を創設して貧民の救済ならびに施療などの事業を開始した。救済会の設立当初の目的は「本会ハ仏教ヲ基礎トシ国民思想ノ善導及ビ感化救済スルヲ以テ目的トス」とされ、仏教的な精神的救済と福祉実践による福祉的救済を一体化して実践しようとした姿勢を読み取ることができる。1912 年に仏教感化救済会が育児院を設置して、貧児・浮浪児・孤児・被虐待児らの養護を開始した。杉山は 1915 年に東京巣鴨のハンセン病治療専門病院に出向し、1 年間にわたり物質的・精神的援助を行った。1917 年に仏教感化救済会が名古屋市東区に病舎を建設し、ハンセン病者を収容して援助を開始した。杉山は 1918 年に静岡県御殿場の神山複生病院に出向して、ハンセン病患者の救済を行った。救済会による活動は、ハンセン病対応のみではなく、生活困窮者への援助、1922 年の深川水難者への援助、1923 年の関東大震災では救済活動といった諸方面にわたっていたと理解できる。その後、生の松原のライ病療養所にて鈴木修学と

ともに救済活動を進める。1932年に社会事業施設の千種寮を開設して、虐待児および軽度ハンセン病患者を対象とし援助を行った。

　1924年刊行の『世界の鑑』には、救済会の一連の事業について「爾来、一意専心仏道の鼓舞に努め、方今、識者の憂慮措かざる世道人心の退廃を救わんがため、窮困者に対しては施療、又は、物資を施与して、所謂『物質・精神』の両途より感化救済の実を挙げ得たるものなり」と述べられている。

　杉山はハンセン病患者への差別観を切り捨て、「等しく」と述べている。仏教、殊に法華経の精神を社会に具現化しようとする杉山にとって、ハンセン病根治、患者救済はどうしても実現しなければならないことと認識されていたのである。「不幸な人のお世話をして、幸せにしてあげると法華経がよくわかりますよ」と説く杉山の言葉には、宗教的活動（信仰）と福祉的活動の一体化を重視する信仰姿勢が象徴的に示されている。杉山を中心とする救済会のハンセン病救済活動は、①東洋病院、②神山復生病院、③名古屋本部における活動が主要なものであった。

　法音寺系の諸活動の基盤が、始祖である杉山の独自の法華経解釈にあり、三徳の教えである法華経信仰を日常生活の中で実践すると捉えている。「釈迦→日蓮→杉山辰子→村上斎→鈴木修学という『諸仏の代理』の道統（安立行の血脈）を主張している」ことからも、杉山の思想が村上を経て鈴木に継承されていると考えるのは妥当であろう。

【参考文献】
- 鈴木宗音、法音寺広報委員会『始祖・杉山辰子先生物語　安立行（上巻）』、1991年。
- 西山茂、小野文珖、清水海隆『大乗山法音寺の信仰と福祉』、2011年、仏教タイムス社。

≪自閉症スペクトラムの治療に貢献≫

杉 山 登 志 郎
(1951 ～)

1951 年に静岡県静岡市に生まれる。1976 年に久留米大学医学部卒業。久留米大学医学部小児科学教室、名古屋大学医学部精神医学教室に入局する。その後、静岡県立病院養心荘、愛知県心身障害者コロニー中央病院精神科医長を務める。カリフォルニア大学ロサンゼルス校神経精神医学研究所に留学する。そして、名古屋大学医学部精神科助手、静岡大学教育学部教授、名古屋大学医学部非常勤講師を経て、2001 年にあいち小児保健医療総合センター心療科部長兼保健センター長に就き、2010年に浜松医科大学児童青年期精神医学講座特任教授に就任する。浜松市にあるこどものこころの診療所客員教授を務める。日本小児精神神経学会常務理事、日本乳幼児医学・心理学会理事、日本トラウマティック・ストレス学会理事に就いている。

著書は『自閉症児の発達と指導』（全国障害者問題研究会出版部、2001年）、『子ども虐待という第四の発達障害』（学研、2007 年）、『発達障害の子どもたち』（講談社、2007 年）、『発達障害のいま』（講談社、2011 年）、『基礎講座・自閉症児への教育』（日本評論社、2011 年）、『発達障害の豊かな世界』（日本評論社、2013 年）、『発達障害の薬物療法－ASD・ADHD・複雑性 PTSD への少量処方－』（岩崎学術出版社、2015年）など多数ある。さらに、各地での講演も多数行っている。

ここでは今日的な課題より、発達障害と虐待との関係、療育や教育のあり方についてまとめておく。自閉症の医学的な見解は別に譲りたい。

杉山は、多くの重篤な被虐待児の治療にかかわる中で、虐待されている子どもたちは心だけでなく、脳の発達にも障害が生じるという。そのためにたとえば自閉症児と極めて似た症状や問題行動に苦しむ子どもも

いると指摘する。あいち小児保健医療総合センターにおける臨床例から、被虐待児総数 389 名中、57% にあたる 223 名に発達障害を併発しているとし、多い順に、ADHD、広汎性発達障害、アスペルガー症候群、精神遅滞となっている。

　早期療育の必要性から、療育の基本的な指導内容は、①早寝早起きといった生活リズムの確立、②食とおやつを過不足なく摂り適度な栄養と適度な運動をするといった健康な生活が大切、③養育者との信頼と愛着の形成、④遊びを通しての自己表現活動、⑤基本的な身辺自立、⑥コミュニケーション能力の確立、⑦集団行動における基本的なルールの習得である。ここでは、子どもとの愛着形成の重要性、基本的生活習慣の形成や生活リズムへの注目、遊びの中で自己肯定感を増やすといった幼児期のポイントを明らかにしている。

　学齢期の自閉症教育ついては、現在の特別支援教育による集団での教育は重要ではあるものの、それだけでは無理があり、どうしても個別の対応を組まなくてはならない。TEACCH プログラムに代表される自閉症独特の認知や思考方法などに合わせた教育的対応、障害に対する最低限の専門的な知識が必要である。また、医師や臨床心理士、スクールカウンセラーなどの外部の専門職との連携が求められている。

　多様な障害の種類の中で、知的障害を伴わない自閉症スペクトラムが注目されるようになったものの、今一度、古典的な重度の知的障害を伴った自閉症児への対応のコツの再確認も必要であるとしている。

【参考文献】
・　杉山登志郎『基礎講座　自閉症児への教育』、2011 年、日本評論社。

≪法華経の精神と施設づくり・大学づくり≫

鈴 木 修 学
(1902 ～ 1962)

　1902 年に愛知県丹羽郡布袋町寄木 (現在の江南市) の熱心な法華経信者の父徳太郎が営む菓子問屋の子として生まれる。鈴木修一郎が本名で、得度して修学と改名する。布袋尋常高等小学校高等科卒業後に家業を継ぎ、菓子の他にパンの製造と卸売を始め成功。家業のかたわら早稲田大学講習録によって独学する。やがて法華経の教えによる社会の救済を実践していた仏教感化救済会の活動に関わり、主宰していた杉山辰子と出会う。主任として、貧困者の救済の事業に従事した。救済会が 1928 年から経営難に陥り、家業や蓄財のすべてを売り払って、福岡県福岡市生の松原で看護師の妻のみつとハンセン病療養所の運営を始める。経営に行き詰まったが、地元の深敬園病院の分院として立て直すことができたので、愛知県知多郡阿久比町で救済会が運営していた青少年更生保護施設の指導者となり、農業に従事しながら入所者との心の交流を図った。後に名古屋市内に孤児や虐待児を預かる育児院を設立する。1932 年に仏教感化救済会を大乗報恩会と改組し、福祉活動を本格化させる。1934 年に駒方寮長に就任、1937 年に駒方保育園を開園、1939 年に駒方寮内に診療所を開き、貧困者に対して軽費または無料診療をして医療福祉に努めた。

　しかし 1943 年 4 月、反戦運動の疑いによる治安維持法違反容疑で逮捕され 58 日間勾留された。翌年に大乗報恩会は昭徳会 (現在の社会福祉法人昭徳会) と名称を変え、大日本帝国陸軍の坂井徳太郎中将が理事長として管理することになり、布教活動の停止が申し渡された。

　1946 年に名古屋養育院を開設、日蓮宗の僧侶となるべく修行に入り、日蓮宗京都本山妙伝寺で得度し、大荒行を経て日蓮宗大乗山法音寺を愛

知県名古屋市昭和区駒方町に開山する。また、1947年初代理事長の村上斎の死去により昭徳会の理事長に就任する。1949年に八事少年寮の経営を開始して、1950年に光音寺保育園を開園、光明寮を開設している。愛知県社会事業協会理事に就任、学校法人法音寺学園を設立、同時に中部社会事業短期大学を開学して理事長兼学長になる。社会事業の専門的知識人の養成にあたるため、1957年に福祉専門大学となる日本福祉大学に改組発展する。同大学の初代学長となり、日蓮宗権大僧正に昇叙。まさしく、法華経を活かした社会福祉実現のための人材育成であった。1961年に戦前戦後にわたる福祉活動に対して藍綬褒章が授与された。1962年に60歳で死去する。没後に正六位勲五等瑞宝章が追与、日蓮宗大僧正の僧位が追贈された。

　宗教的信念を根底とする教化事業、社会事業に加えて教育事業を画期的に発展させ、尽力した功績は計り知れない。

　ここでは、障害児福祉の事業を取り上げることにする。八事少年寮は1949年8月から園長の杉田直樹が健康を害し帰郷することになったため、昭徳会がその後を引き継いで経営することになった。精神薄弱児施設に入所してくる児童は、順次障害の重度化があって、全員をいっしょに指導することは困難になった。そこで、今まで幼児の養護施設であった光明寮を軽度の精神薄弱児の施設に変更し、八事少年寮は中度・重度の精神薄弱児を対象として、その程度に応じた指導を展開した。その後1959年に伊勢湾台風の被害が建物の老朽化を早めたため、1965年に光明寮と八事少年寮を合併して精神薄弱児施設の三好学園とし、愛知県西加茂郡三好町に新設移転した。

　昭徳会の活動の理念は、法華経を基盤として、人々の「幸せ（福祉）」を実現するための活動を推進するというものである。鈴木が興した宗教法人法音寺の「三徳（慈悲、至誠、堪忍）の実行により健全な人格を養う」という考えが根底にある。さらに、「人は皆、かけがえのない生命を有

しており、徳を昭らかにし、徳を以って世間を照らす（昭徳）」を掲げている。

昭徳会の活動の基本方針として次のようなものがある。

① ひとり一人に思いやりの心をもって接します。

② ひとり一人を尊重し、その人に合った支援・援助をします。

③ ひとり一人を大切に、まごころで接します。

④ すべての人の幸福をめざし、たゆみなく援助技術の向上に努めます。

⑤ お互いに助け合い、よりよい生活ができるよう努めます。

また、以下のような方針も見出すことができる。

① 子どもたちの長所を活かしてあげたい。

② 仏様は、すべての人を平等に仏にしたいと考えている。

　（如我等無異と観世音菩薩）

③ 子どもたちの幸福を本当に願うのなら、それぞれの能力に応じた、可能な限りの教育を施さねばならない。

④ 一般社会の人々に常に理解を求め、その支援を信頼することにある。

観世音菩薩は、ありとあらゆる困難に陥ったすべての人々を、等しく救済する。如我等無異は、たとえ障害があろうと、すべての人に仏性（仏になる素質）が備わっているとする。

法華経の信仰も精神薄弱児福祉の実践も同じように、究極的には、援助を求める人に対して、お互いに人間として尊重しあいがら、援助者は自分と相手とのかかわりで、相手の自立と人間的成長に貢献することにその真髄があると導くことができるように思われる。

八事少年寮では、これらの理念や基本方針をもとにして、生活指導と職業指導を大きな柱とした。

生活指導では、洗濯物の整理、掃除、農作業、園芸、環境整備などを行った。そこでは次の目標をあげている。①児童を暖かい雰囲気につつんで安定感を得させ、不当な劣等感を解消し、安心と信頼に充ちた生活

を確立せしめる。②児童の長所利点をのばす。且つ生活意欲を向上させる自信を賦与する。右により、個人的には、日常生活の習慣づけ、基本的生活習慣を養成し、社会的には、社会生活における態度、適応性を養成、社会性の発達に道徳意欲の発達養成を計り、規律と責任、共同生活への興味と喜びの誘導、自治についての指導を実施する。

　また、職業指導では、肥料の袋詰め、木工細工、軍手作業、裏地の縫製などを行った。

　子どもを目の前にして指導していく際の心構えとして次の点をあげている。①子どもの心をつかむ、②長所を生かす教育、③差別しない平等の精神、④〈ほめて育てる〉教育方法、⑤職業指導 – 仕事（労働）を通しての教育、⑥音楽を通した教育。

　鈴木は、優れた社会事業家であり、たくさんの施設を愛知県内に創設していったゆえに、その施設で働く職員の資質向上を考え、大学の創設から学問としての社会福祉の体系化の必要性を感じたに違いない。昭徳会のホームページの「職員のひとり一人が、社会福祉の専門家としてはもちろん、三徳の実行を通して、すべての人の幸福をめざし、福祉の発展に努めていく」という記述に繋がる。

【参考文献】
- 西山茂、秦安雄、宇治谷義雄『福祉を築く－鈴木修学の信仰と福祉－』　2005 年、中央法規。
- 星野貞一郎『日本の福祉を築いたお坊さん－日本福祉大学を創った鈴木修学上人の物語－』、2011 年、中央法規。
- 野口康彦「鈴木修学の社会福祉活動と信仰に関する一研究」（『中央学術研究所紀要』、第 31 号、pp.231-239）。

≪障害児保育指導員の第一号≫

祖 父 江 文 宏

(1940 〜 2002)

1940 年名古屋市に生まれる。父の祖父江省念は名古屋市の本願寺門徒に請われて自ら寺を建立する。実家の私立保育所において、初めて自閉症の子どもを受け入れ保育にあたる。その後、児童養護施設の暁学園で 24 年間にわたって施設長として率先して県内の児童虐待防止にあたる。著書に『絵本とおはなし』の「保父の記」、『保育の友』の「つまずきを持つ子を変えるには」、『かなしみの歳時記』、『子どもたちが観せてくれたこと』、『われひとり救われるを由とせず　理知がひきおこす虐待』、『詩集　残された時間』、『悲しみに身を添わせて』などがある。

祖父江が障害児を最初に受け入れたのは、入園を拒否するという選択肢がなかったこと、子どもたちのエネルギーがあれば、ともに育っていくのは不可能ではないという確信があったことによる。しかし、在園児の保護者からは、クラスの雰囲気が落ち着かなくなるのではないかという懸念の声があがる中での試みであった。

1973 年から 1 年間、中央競馬馬主社会福祉財団からの留学でデンマーク、スウェーデン、オランダ、イタリア、フランス、アメリカを巡り、福祉を学んだ。その中でも、地域の保育システム、障害児、健常児を問わず保育する形態などを参考にして、帰国後は「地域ぐるみの保育」に着手した。

ちょうど 1974 年は厚生省が『障害児保育事業実施要綱』を出し、指定保育所方式ではあるものの統合保育を実施、加配や助成金といった制度にふみきった年に相当する。祖父江の務める保育所も指定園制度によりその指定を受けた。

同時に、名古屋市で新しくできた障害児保育指導員の第一号として市

から委嘱された。この頃は、名古屋市長に本山政雄（名古屋大学教授）が就き、福祉に新しい制度が導入された期間にあたる。名古屋市においてこの指定園制度は、最初は私立保育所に限ったものだったが、1977年には公立保育所にまで拡大された。1978年、名古屋市に障害児保育指導委員会が設置されて、祖父江は委員となり、翌年には全市で500人を超える障害児が保育所に受け入れられることとなった。

　こうした活動に取り組む姿は、後に展開する児童虐待防止活動の基本になっていると思われる。信念として、「行動を起こすのは、出あった者、見てしまった者の責任」「目の前の人に身を添わせることでしか責任が果たせない」というものがあったからであろう。制度の改善は大切であるけれども、もっと大切なのは今ある制度を怪しむということ、つまり、弱い者の立場に立って見つめ直すという活動であった。

　祖父江は、童話作家としての文才もあり、『どん・くじらのものがたり』を刊行している。1980年に発行された『保育の友』では、保育は誰のためにするのかという点から、子どもたちのニーズに添って変える努力をせず、逆に子どもたちに変わることを強要してはいけないと主張した。

　障害児保育の実践家として注目される存在になるにつれ、浄土真宗が運営する保育所の全国組織、社団法人・大谷保育協会でも研究部長のポストに就き、リーダーシップを発揮した。

　1995年には、専門家と市民が垣根を越え、児童虐待問題に取り組む「子どもの虐待防止ネットワークあいち」（CAPNA）が生まれ、最初の理事長になった。東海市にある児童養護施設の暁学園の部屋にはいつものバンダナ姿の写真が掛けられ、庭には「ありがとうどの笑顔もすてきな笑顔」と刻まれた碑が置かれ、筆者も幾度かその碑の前を通っている。「小さい人」の盾となり続けた62年であった。

【参考文献】
・　小林ゆうこ『「小さい人」を救えない国ニッポン』（2006年、ポプラ社）。

≪内面理解を実践記録につなぐ≫

竹 沢 清
(1946 ～)

　1946 年石川県羽咋に生まれる。名古屋大学経済学部卒業後、障害児教育を全く知らずに、ろう学校に勤務する。愛知県立一宮ろう学校と愛知県立千種ろう学校に長年勤める。全国障害者問題研究会や日本生活教育連盟会員として、中心的役割を果たした。愛知県高教組障害児学校部長も務め、民主的な教育の構築に尽力した。2007 年に教員を退職した後、日本福祉大学はじめいくつかの大学で教鞭をとるかたわら、全国各地で講演や研究会分科会の共同研究者として精力的に活躍している。

　竹沢実践について、茂木俊彦は『障害児と教育』(岩波新書、1990 年)の中で「子どもの内面世界に心をよせ、子どもに共感し、支え、励ます。障害児教育実践の基底、あるいは出発点は、ここにある。」と高く評価している。

　子どもの内面理解にあたって、必ず自分自身の内面をくぐらせ、それまでに蓄えた子どもを見る眼、自らの実践の力量にかかわらせて、実践記録を書くことに特徴がある。教師が書くことを通じて実践の力を形成していくという考えに基づく取り組みである。子どもを発達の主体者として、その主体の内面を洞察し、ひとり一人を大切に丁寧に見ることを通して、子どもを知ることにつながるとも理解できる。

　さらに、本当の指導については「待つ指導」をあげている。「座して待って子どもが変わることなどありえない。打つべき手を打って、あとは子ども自身の力に信頼を寄せることこそ、待つ指導なのだ」としている。子どもひとり一人に合ったものであることはもちろん、「子どもを求めているならば、あるときはやさしく、あるときは激しく迫ることのできる体質に、自分自身をつくりかえていくこと」と述べ、教師の自己変革

を子どもの発達保障に結びづけた指導論を読み取ることができる。

　竹沢は、「私の実践原則」として次の5つの根幹的な考えを明らかに
していく。それは、①子どもたちは発達の主体者である、②問題行動を
発達要求ととらえる、③集団と文化の中で子どもたちは育ち合う、④「で
きる」ことのみを求めるのではなく、人間として内面のゆたかさを、⑤
私たちの人間を見る眼の育ちに応じてしか子どもたちは見えてこない、
という主張である。①や②や④からは、障害児であろうと、人間として
感情をもち、思いや要求をもって、主体的に生活を切り拓いていける力
を培ってやりたいという教育観が読み取れる。③は子ども理解とともに
重要な点として子ども集団と文化（狭義では教育内容や教材）への着目
である。⑤は子どもの育ちと教師の力量形成の大切さである。

　さらに、注目に値するのは実践記録のあり方である。上記のように実
践記録を綴ることが実践の質を高めるという関係論が見られる。

　実践記録には結果のみでなく、教師の発想のしかたや思考の流れが書
かれているのが特徴である。その思考を整理し客観性を保証するために、
実践記録では、子どもの課題を「中心的な課題」と称してまずは出来事
を書き、その次に「事実で書く」、「場面を描く」などの書き方を提案し
ている。

　ここでは、日々の子どもの姿の中に変化の兆しがみえる場面を切り
取ってメモすることから始まっている。これこそ「子どもの発見」なの
であろう。その事実と事実をつなぎあわせて、子どもの生活と文化をつ
ないで、もしかしてこの子にはこんな課題があるのではないかという、
中心的な課題を推測するのである。それを仲間に話したり聞いてもらっ
たりすることで、子どもへの理解が進むというプロセスがあるのだろう。
この段階を経て書くことに展開していくのである。

　竹沢のこうした卓越した実践記録のとらえ方を産み出した背景には、
日本生活教育連盟（日生連）での活動がある。「学習」と「連帯」こそが、

私を本物の教師にしてくれると述べているように、日生連石川サークルの仲間に支えられ、職場の仲間と歩んできた中で編み出した方法だとしている（『教育の真実を拓く』、民衆社）。サークルで実践報告を積み重ね、仲間とともに集団討議をすること、その指摘を受けて再度実践記録を書きなおすことで、珠玉の実践記録をつくってきたと言っても過言ではなかろう。仲間との学習の中で教師が力量をつけることが、子どもたちを変え、保護者を変え、教育のあり方を変えるものであるという教育観である。実践記録を書き、子どもの育ちと発達の道筋を仲間とともに発見し、共有していくことが、同僚や保護者とともに教育制度を変えていくことになるという信念でもある。これらが「真の子ども発見は、社会変革を伴う」という言葉に結実していくのであろう。

　竹沢の主著『人間をとりもどす教育』の一節に次の指摘がある。少し長くなるが紹介しておく。「聴覚に障害を受けたために音からへだてられ、言語による表現をいちじるしく制約された子どもたちとの実践はきれいごとではすまされまい。しかし、人間の発達に『集団』『文化』が決定的に重要であることを子どもたちとともに確認し、探求と創造のよろこびを共有していく。そして、障害児の教育は決して『特殊』ではなく、人間の発達の可能性を拓く、人間にとって普遍的な課題に挑む『普通』教育にほかならないことを実践的事実によって生き生き証明している」

　ここからは、次の三点が読み取れる。第一に、すべての子どもたちに相通じる普遍的な教育のあり方を障害児教育側から問題提起していることである。それは、発達のプロセスには障害があろうとなかろうと共通性があるという考えであり、発達の可能性への追求である。

　第二に、発達をより一層促していくための、教師と子どもとの交わり、子ども同士の交わりといった集団の教育力への注目である。ひとり一人への個別の配慮と集団の配慮があり、個と集団は車の両輪ともいえる見方である。

　第三に、障害によって制約された生活を切り拓き、豊かな生活を保障していく必要性である。障害のみに、できなさのみに目を奪われることなく、生活や発達との相関性に注目することの提唱である。

　これらの点は、全国障害者問題研究会の理論や実践報告からの学びでもあり、同時に自身の実践を通じての社会への発信でもある。

　問題行動を発達への要求としてとらえる姿勢、子どもとの応答的な人間関係を図ろうとする姿勢、探求心を持ち続ける姿勢、こうした教師としての心構えが、聴覚障害のある子どもたちの自己表現を助け、ことばの獲得にもつながっていく。適切に内面に心を寄せ、主体的な、自主的な行動をじっくりと待つという実践スタイル、この実践記録こそ障害児教育から新たな教育実践記録論を提起しているものとして、今後の教育の質の向上につながるものと確信する。

【参考文献】
- 竹沢清『人間をとりもどす教育－音とことばをうばわれた子らと－』、 1985年、民衆社。
- 竹沢清『子どもの真実に出会うとき』、1992年、全国障害者問題研究会出版部。
- 万野友紀「竹沢清の実践記録論に関する一考察」（京都大学『教育方法の探求』、10、pp.49-56、2007年、修士論文）。

≪肢体不自由児・光明学校の女医≫

竹澤貞女

（1903 ～ 1943）

　1903 年に愛知県知多郡岡田町に生まれる。1921 年に名古屋市立第一高等女学校（現在の名古屋市立菊里高等学校）を卒業する。1926 年に東京女子医学専門学校を卒業する。同年に東京帝国大学医学部整形外科学教室介補。1927 年に高木憲次が設立した「母の会」の幹事に就く。1929 年から 1931 年までの間にドイツ留学をする。1931 年に板橋区岩の坂にて肢体不自由児調査を行う。1932 年にクリュッペルハイム東星学園（守屋東が設立者）の嘱託医となる。同年に築地産院にて乳児の整形外科的調査を翌年まで行う。加えて、東京市立光明学校の校医となる。1933 年に本郷、下谷両区の肢体不自由児調査に参加する。1934 年に東京女子医学専門学校第 2 付属病院の講師となる。1935 年に同専門学校の助教授となる。1937 年に学位取得（医学博士）。1940 年に光明学校の校医退任。1943 年に愛知県の生家にて結核で死去する。享年 39 歳。短命ではあったものの、肢体不自由児の治療と教育の両面において、ドイツ留学での見聞を活かして、調査により実態把握し、障害の程度に応じたシューレとハイムの両機関の必要性を説き、東京帝国大学の高木憲次の下での先駆的で献身的な活動を行った。整形外科医の女性医学博士第一号であった。当時は、女性が医師になる道はかなり狭い時代であった。吉岡弥生が創設した東京女子医専のみ女性の入学を認めていたのである。

　主な論文に「クリュッペルハイム視察談」（『日本之医界』21 巻、1931 年）、「東京府下岩ノ坂ノクリュッペルノ調査」（『日本整形外科学会雑誌』6 巻、1932 年）、「日本に於けるクリュッペルについて」（『社会事業』18 巻、1935 年）、「整形外科と光明学校」（『東京市立光明学校紀要』第

6輯、1939年)などがある。

　竹澤の肢体不自由児の事業と定義は、恩師の高木憲次の定義から「知能健全」の言葉を抜いてあとは同じ表現で、「肢体不自由児医治教護事業とは、肢体不自由者に不生産的の一生を終わらせるよりも、先づ、之を治療し、その長い治療期間を無駄にしないで、その間に之を教育し、次にその疾患と性能とを考慮して、その適性を奨導し職業的訓練を与へ、自活の途の立つ様にしてやる事業を言ふ。クリュッペル＝肢体不自由児とは整形外科疾患のうち上述のクリュッペル医治教護を必要とする肢体不自由者を言ふ」としている。医療と教育の同時保障、その上での職業教育の3つを備えなければならないと指摘している点が特徴である。

　ドイツ留学では、クリュッペルフュールゾルゲ(肢体不自由児医治教護事業)を学んだ。これは3類型に分けられるとして、①閉鎖型(昼も夜も預けて、その中で整形外科的治療、学校教育、職業指導を施す)、②半公開型(昼だけ預けて、治療、教育をし、夜は家庭に帰す)、③公開型(外来診察、治療、相談をする)を紹介した。そして、ドイツでは予防医学に力点を置いていること、職業斡旋は困難になっていることも紹介した。

　岩の坂での実態調査は、1931年に東京女子医専の無料診療所が開設されたことを利用しての調査である。岩の坂という地域は東京でも有数の貧困地域であり、その地域の全員を調査対象とした。結果は、第59回整形外科集談会で報告しているが、肢体不自由児の出現率は著しく多く、整形外科の専門医がいないため放置されることが多いとしている。築地産院での調査では、1,440人の初生児を対象とした。先天性疾患に起因する不具者を少なくするためには、産婆に整形外科的知識を普及させること、退院前に整形外科的に検診をさせること、整形外科医と産科が連携することが必要であると『女医界』(259号、260号)に報告した。

　校医となったばかりの意気込みを『東京市立光明学校紀要』に書いて

いる。シューレとしての光明学校の役割を高める必要性から、ハイムの設立を強く望んでいた。常時医療を必要としない脳性マヒやポリオ、先天性股関節脱臼の子には必ずしもハイム形態がいいとはいえない、むしろ親元から通う方がいい影響があるとした。日本のような家族制度の中では家庭をベースにした施設、学校のあり方がいいのではないかという指摘である。一方、障害重度、難しい手術の必要な子にはハイム、そしてその前教育、後教育には学校という形態がふさわしいとした。さらに、寄宿制度を充実させる必要性も述べた。また、「学校の六年制度の故に止むなく治療を中止して社会に放り出して了ふ事は如何にも残念で、現在の肢体不自由児医治教護事業の不徹底を痛感致します。此の点は大いに考へねばならないと思ひます」と今後の課題について論じた。これらのことから、子どもの障害の欠陥部分だけを取り出して治療するだけでは十分な効果をあげることができず、学校という集団の教育力が治療効果をさらにあげるということに注目していたと評価できる。医療と教育の相互保障の観点であり、まさしく療育への着眼であった。長期間に及ぶ学校教育の必要性を訴えていることがわかる。

　なお、竹澤の取り組みには、肢体不自由児療育や障害児教育の開拓者との協働が見られる点が特徴でもある。恩師の高木憲次はもちろんのこと、光明学校の初代校長である結城捨次郎、下谷に創設された貧民学校の万年小学校校長である坂本龍之輔、万年小学校の代用教員を経てクリュッペルハイム東星学園を設立した守屋東らの名前がみられる。ドイツ留学の見聞を是非日本でも実現させたいという熱心な思いからであった。

　一例として、「東大整形外科教室医局員であった竹澤貞女（昭和7年12月、東京市立光明学校の校医にもなった）がおり、守屋は、竹澤から、ドイツに、このような子ども達のためにクリュッペルハイムがあることを教えられた。これが機縁となって、守屋は、憲次の指導を受けるよう

になり、憲次からクリュッペルハイムについての種々の情報を得た。その結果、守屋は、憲次の思想に深く共鳴し、日本で最初の理想的なクリュッペルハイムを創設しようと決心した」ことがある。ここに、竹澤が東星学園の嘱託医になった経緯がある。

　なお、「母の会」は今日的にいえば保護者支援である。こんな記事がある。「昭和2年10月16日、母の会、発会。母の会とは、父兄よりも母・姉の勉強会である。然し父兄もその他の家人も責務を感じ、書生、女中も協力しなければ成功しない。幹事－竹澤貞女君　一部　カリエス（3組に分班）　二部　弛緩性麻痺（訓練班、器具班）　三部　痙性麻痺（僅に12人のみ）　再来として取扱ひしも、別室を独占すること困難なり。止むを得ず午後招集せり。竹澤君は日曜も奉仕せり。熱意の程感服の至り」

　その他、1938年12月発行の『女医界』309号には、「私共の勤労奉仕」と題した竹澤の執筆があり、肢体不自由児療育を社会へアピールをしていることを読み取ることができる。

【参考文献】
• 松本昌介『竹澤さだめ　肢体不自由児療育事業に情熱を燃やした女医』、田研出版、2005年。
• 村田茂『日本の肢体不自由教育－その歴史的発展と展望－』、慶應義塾大学出版会、1977年。
• 村田茂『シリーズ福祉に生きる　8　高木憲次』、大空社、1998年。
• はんだ郷土史研究会『はんだ郷土史だより』、第93号、2020年。

≪ニーズを重視した障害児の教育学理論と実践の創造≫

田 中 良 三
(1946 ～)

　1946年富山県に生まれる。1976年に名古屋大学大学院教育学研究科博士後期課程単位等満期退学、同研究科研究生を経て、1977年より愛知県立女子短期大学兼愛知県立大学に赴任する。1992年に同大学の教授に、2008年に生涯発達研究所長となる。2009年に同大学大学院人間発達学研究科教授と学生支援センター長を兼任する。

　この間、愛知教育大学、岡崎女子短期大学、福井大学、埼玉大学、名古屋大学、仏教大学、中京大学、名古屋市立大学、東京学芸大学大学院、愛知県立看護大学大学院、名古屋経営短期大学、日本福祉大学、名古屋芸術大学の非常勤講師、愛知みずほ大学短期大学部の特任教授を務める。

　社会的活動の主なものに、1984年に社会福祉法人設立と施設づくりをすすめる会幹事、1987年に心身障害者の療育作業施設を作る会「樫の森」幹事、1990年に学習障害児の無認可高校「見晴台学園」学園長、1997年に重症心身障害者通所施設「風の会」幹事、1998年に春日井障害者福祉をすすめる会会長、1995年にNPO法人学習障害児・者の教育と自立の保障をすすめる会理事、2001年に社会福祉法人聖母の家理事、2005年に愛知県教育委員会尾張地区特別支援教育連携協議会会長がある。

　学会等活動では、日本特別ニーズ教育学会理事・編集委員、日本特殊教育学会常任編集委員、日本LD学会代議員・編集委員、全国障害者問題研究会『障害者問題研究』副編集委員長、全国専攻科(特別ニーズ教育)研究会会長、愛知特別支援教育研究会会長を歴任する。

　主な受賞に、2007年に日本LD学会発表奨励賞、2012年に全国保育士養成協議会功労賞、第44回中日教育賞がある。

　「私は、愛知の障がい児の不就学をなくす運動に導かれて、全く未知

の障がい児の教育・福祉の分野に入った」と述懐している。乳幼児の障害児保育や療育、障害児学童保育、学齢期の障害児教育から卒業後の障害者福祉、青年期障害者の学びの場の支援など、非常に多方面にわたっての活動がある。ライフステージに応じた、地域を支える、教育と福祉を繋ぐといった点に尽力している。

　1970年代では、不就学をなくす運動として、家庭の訪問実態調査と日曜学校が展開された。1979年の義務制実施以前にあった、在宅児の生活空間の狭隘と生活リズムの単調、家族の健康侵害といった実態を浮き彫りにし、月1回であっても集団の場を保障する取り組みがなされたのである。こうして親子の切実な声を聞く中で、全国障害者問題研究会という民間教育研究団体へ参加し、近江学園（施設長糸賀一雄）の「発達保障」理論を学びつつ、京都の与謝の海養護学校の学校づくりの視点を活動の拠り所とした。

　1980年代になると、義務制実施にともなって、障害の重い子も含めて、教育の中身づくりが求められるようになり、1980年には愛知障害児教育研究会を主宰し、実践者の竹沢清らとともに展開する。筆者もその会員の一人として多くのことを学ばせてもらった思い出がある。さらに、卒業後の労働・生活の場づくりとして、けやきの家、橅の森、風の会などの設立を中心的な立場でリードした。

　1990年代になると、「15の春を泣かせない」として、発達障害児の学校づくりの実践と研究に着手した。1990年4月に名古屋市南区にわが国で最初の発達障害児の無認可5年制高校の「見晴台学園」を開設、学園長として牽引した。そのきっかけは、学習障害児親の会かたつむりの親たちの高校進学への切実な心配であった。

　見晴台学園では次の3つの教育目標を掲げて出発した。「一人ひとりの子どもの必要に応え、真の学力を高め、わかる喜びを知り、学ぶ楽しさを知ることのできる教育」「たがいの人格を認め合い、障害を理解し

あい、より高い人間性をめざす学園」「子ども・父母・職員が手をつなぎ、みんなでつくり、みんなで運営する学園」である。今日までの学習障害児など発達障害児への実践には、一人ひとりのニーズを重んじる、実態に応じた5領域の教育課程を編成する、授業づくりをする、保護者とともに学園運営をする、地域と連携する、という特色があり、青年期教育のあり方を全国に先駆けて発信してきた。

　今日では、専攻科はもとより大学での教育をも試みている。ここには、「生涯学習」という理念のもと、障害児（者）の教育年限の延長と豊かな教育内容の創造といった、新たな教育権保障運動への情熱を見出すことができる。

　2006年には、日本LD学会会員で特別支援教育士の資格をもつ県内の教師などを中心に組織された愛知特別支援教育研究会を結成した。2007年に特殊教育にかわって特別支援教育という制度がスタートした中で、①発達障害児の一人ひとりの興味・関心・学習特性にもとづく教育課程づくり・授業づくりをする。②インクルージョンの教育実践（授業のユニバーサルデザイン化）の創造と研究に努めるといった理論化が目的である。また、そのために、①障害の有無を越えた学校づくり・カリキュラムづくり、②公立、私立、民間のかべを取り除き、保育所、幼稚園、療育等専門機関、小学校、中学校、高校、大学、福祉・就労との連携・協働を図る、③保護者をはじめ様々な人たちとの連携・協働による、④生涯にわたる学びの保障、といったポイントを掲げている。

　田中は、これからの「障害者権利条約」時代における障害児教育は、障害児に限らず、発達と生活に困難をもつ、すなわち、特別なニーズをもつ子どもたちの学び・発達への支援を通して、文字通りの特別支援教育として、子ども・青年一人ひとりの個性の輝きをめざす教育であると強調している。

　また、非常に多くの学会発表、論文、著書を世に送り出した。その中

でわが国の障害児教育学の進展に寄与したものとして、まずは1970年代の障害児教育課程に関する研究が挙げられる。「戦後　障害児教育課程の編成原理と構造」(河添邦俊・清水寛・平原春好『障害児の教育課程と指導法』、総合労働研究所、1981年)では、特殊教育課程の批判的検討をふまえた上で、全面発達をめざす教育課程編成の実践と研究を明らかにした。中でも、教育課程基本構造の発展的系統を提示した点は、特殊教育に流れる異質な考え(二元化)に対して、すべての子どもたちに相通じる普遍的な考え(一元化)を提示したものとして評価できる。

　さらに2010年代に、専攻科が設置されている知的障害特別支援学校の実態について、いくつか報告した。そして、学校というより、障害者自立支援法を利用した学びの作業所、福祉型専攻科づくりの急速な広がりも指摘した。運動と直結する研究としては他に類のないオリジナルなものを感じさせられる。

　数少ない障害児保育の研究者でもあり、障害児保育の歴史・到達点と今日的課題に言及した研究は卓越している。近年発表している特別支援教育と幼児教育の有り様はこれからのこの研究分野に投じる一石とでもいえるだろう。

　LDの学習権保障に関する諸問題は言うに及ばず、今後の教育課題となる通常学級における発達障害児の支援について、時代を見抜くするどい洞察力を持っている。

　けっしておごらず、真摯な態度で寄り添う姿勢は、愛知を発信源として全国に影響を与え続けることとなろう。

【参考文献】

- 田中良三「障がい児教育の過去・現在・未来 - 教育研究者として -」(『愛知県立大学教育福祉学部論集』、第61号、pp.13-28、2012年)。

≪名古屋で初めて盲学校を設立≫

長 岡 重 孝

(1881 ～ 1904)

　1881 年愛知郡熱田村新宮坂町 (現在の名古屋市熱田区新宮坂町、熱田神宮二十五丁橋付近) の神官、長岡重左衛門の長男として生まれる。代々の重左衛門は熱田神宮の由緒ある行事を家役とする家柄であり、神社の装飾調度品を扱う装束司であった。4 歳の春に麻疹をこじらせて失明。12 歳の秋両親が東京での治療を計画したところ「我目的を達するに盲目到つて可なり。徒に心身を労し給うな」といったといわれる。この歳にメソジスト派のアメリカ人宣教師のシャーロット・P・ドレーバーが創立した数少ない盲学校である横浜訓盲院に入学した。同院では視覚障害児を寄宿させ、医学、英語などを指導していた。在学中にドレーバー一家のキリスト教の訓化によって天賦の博愛心を伸長されたことが、後年盲唖教育へ身をささげる重要な契機となった。当時、横浜で眼科医の浅水十明が盲人学校を設立しており、長岡が診断を受けたと予想される。横浜訓盲院を終えた長岡は盲人福音会に入学し、16 歳のときに東京盲唖学校に転学して普通科と鍼按科を修め、傍ら漢学、和歌、音楽も学んでいる。19 歳でわが国唯一の国立盲唖学校である東京盲唖学校を優等で卒業すると同時に母校横浜訓盲院に教師として就職、普通学と医学を担当する。翌年、ここで全盲の 1 歳年上の河端たみ子 (たみと記するものもある。新潟県中頸城郡柿崎村出身) と出会う。1900 年冬熱田村に帰郷する。ふたりは故郷で盲学校の開設を決意している。

　長岡は名古屋に盲人の教育機関がないのを嘆き、父とともに奔走ののち盲学校設立の認可を得て、1901 年 4 月に「私立名古屋盲学校」を設立した。場所は名古屋市中区南伏見町 173 番戸であって階上を教室にあてた。熱田神宮神官の安藤重内らの協力があってのことであった。当時

の盲唖学校は、名古屋のほかに岡崎と豊橋の３校があったが、いずれも私立であって、その当初の経営は困難を極め、創立者の辛苦はたいへんなものであった。毎年数名程度の入学者しかない上、貧困者・唖児童には授業料を減免したため、出費のみ増大するという状況であった。専用の校舎はなく、民家を借りて開始され、慈善家の援助と篤志家の寄付金によって賄われたが、経営の危機は日常茶飯事であった。

　盲人青年教師の長岡と妻のたみ子のふたりで、授業を午前５時から同９時まで行った。創業費は自弁し、僅かな家産も費消した。将来の発展を計るため広く寄付を仰ごうと、内に児童生徒の教育、外に先覚有志者の門を叩き、暇を求めて鍼按を業とするなどして金銭を集め、さらに盲人用地図や地理書の著述、盲人用速記器の考案、点字新聞の発行等席の温まる暇もなく、学校経営費の獲得に努力の日々であったという記録がある。夫妻は、視覚障害、聴覚障害の子の家庭を訪問して、入学を説得したが、当時においては無理解の親も多く、設立時の児童生徒はわずか７人であった。以上の開設時の様子は『愛知県聾学校二十五年史』にまとめられている。名古屋盲学校の学則によれば、①盲教育より開始していること、翌年には唖の教育も始めているが、この時点では聾唖教育まで考えていないこと、②英語や理科があること、③鍼按科に按摩学、按摩も含めていることなどが特徴である。

　こうした努力が実を結び、県の補助金100円も得、さらに、県知事や市長の応援のもと賛助金も次第に集まるようになった。その後漸く財政的にも好転したので、新たに民家を借りうけ聾唖部を併設、1901年11月に「私立名古屋盲唖学校」と改称した。場所は名古屋市中区東橘町のやや広い民家であった。当時の状況については、「此の頃盲生十余名唖生十余名。授業は盲部午前７時始りで夫妻二人で教授を担任し、聾唖部は午後３時始りで、古渡小学校教員某氏が兼任された」とある。盲部には音楽科が設けられていた。1903年に中区南鍛治屋町に移転した。

この頃は、4教室をもつ学校に体裁を整えていった。校務がほぼその諸に就こうとしたときに、日露戦争が始まった。

長岡は、「盲人も人間なのだ。人間としての知識、教養を身につけて、その上に技術をつける事こそ生きて行くのに大切なのだ」として、「鍼と按摩の技能だけではだめだ」とも主張していた。普遍的な読・書・算の初等普通教育を重視し、その上に職業教育をすべきであるとした教育観は画期的であったと評価できる。その不撓不屈の精神と高邁な人格はようやく世間に認められ、1902年には県からの補助金や賛助会員の寄付金もあったが、1904年2月に勃発した日露戦争のため寄付金も途絶え債務が増大し、再び苦境に陥った。同年5月12日付の扶桑新聞は、当時の学校経営のたいへんさを「基本金、賛助金、及び普通寄附金等にて維持し居るものなるが、普通寄附金応募の如きは皆無の有様にて」と報じている。もともと体が弱ったこと加えてに心身の疲れが蓄積し、同年7月、急性腹膜炎（急性肺炎という寺脇伝記の記載もある）のため24歳で逝去した。墓碑は名古屋市瑞穂区駒場町7丁目の神葬墓地内にある。加えると、明治42年4月24日付の扶桑新聞は、学校内の様子を「盲生は談話、唖生の教授、盲生の唱歌」と題して報じている。時代背景として、石川倉次が考案した点字は官報に「日本訓盲点字」として掲載され、『盲人教育』が東京盲唖学校教師の石川重幸によって刊行され、長瀬時衡や佐伯理一郎の『マッサージ治療法』の公刊があった。長岡はこうした資料や東京盲唖時代に活用した地理書や地図を転写して教材にしていたと思われる。いずれにしても数少ない教材の中での草創期の苦労があったことは間違いない。

私立校としての経営難や、まだまだ教育方法が未熟であった（身振り・手真似の手話法と筆談法）ことなどから一旦は廃校になるが、たみ子夫人と長岡の親類にあたる愛知県教育会主事中村雅吉、盲唖学校教師小関正道らが学校再建に立ち上がり、1912年に名古屋市立盲唖学校として

開設された。たみ子夫人はこの頃、新潟県の実家に帰り、現在の上越市
にある私立訓盲院で視覚障害児の音楽教師として働いていた。

　名古屋市立盲啞学校は 1932 年に県に移管、1933 年に盲学校が分離
独立し、愛知県聾学校となる。その後は 1964 年に愛知県立名古屋聾学
校千種分校から分離独立して、愛知県立千種聾学校となった。

　長岡の記述は、『名古屋盲学校六十年誌』、『教育愛知』22 巻 8 号、毎
日新聞「私学山脈」中 46、47 にも紹介されている。

【参考文献】
• 愛知県立名古屋盲学校記念誌委員会『愛知県立名古屋盲学校創立八十周年』、
1981 年。
• 愛知県立名古屋聾学校『名聾八十年史』、1981 年。
• 「愛知県立名古屋盲学校（名古屋盲学校）創立者　長岡重孝」（鈴木力二『図説盲教
育史事典』、p.50、1985 年、日本図書センター）。
• 小川英彦『障害児教育福祉の通史－名古屋の学校・施設の歩み－』、2019 年、三
学出版。

≪ろう教育の口話法を全国に普及≫

橋 村 徳 一
(1879 ～ 1968)

　橋村徳一は、大正・昭和初期に川本宇之介や西川吉之助とともにろう教育の口話法を全国に普及させた。また、愛知県ろう教育史の礎石を築いたひとりである。愛知県に生まれ、同県祖父江尋常高等小学校の准教員生活を送ったのち、愛知県第一師範学校卒業。上京して東京盲唖学校教員練習科、日本大学高等師範科を卒業し、1912 年に 41 歳で名古屋市立盲唖学校首席訓導に就く。1914 年に同校校長となり、以後約 28 年間、1942 年 4 月まで務めた。その間、同校は 1932 年愛知県立盲唖学校、1933 年愛知県立聾学校と充実発展した。

　校長就任直後は、聾唖児の発音指導に注目して、鏡に映しながら、ア・イ・ウ・エ・オの五十音を繰り返し発音して舌の動きや声帯の振動を記録し、暗中模索の研究を行った。橋村は自らの実践経過を、①手話期（1912 年～ 13 年頃）、②混合期（1914 年～ 19 年頃）、③口話期（1920年～ 28 年頃）としている。この間に口話法の研究を進め、1920 年 4 月から全国に先駆けて純口話式の教育法を開始した。1925 年 11 月に川本、西川らと日本聾口話普及会を組織し、自らも『聾教育口話法概論』（1925年）を刊行して、口話法の普及に貢献した。当時は、手話法と筆談だけであり、そこに新しい画期的な教育方法を取り入れた先見性・開拓性は大いに評価されるべきである。

　1925 年 1 月 6 日から 10 日までの 5 日間、名古屋市立盲唖学校を会場に、第 1 回文部省主催聾教育口話法講習会を開催した。全国各地の聾学校から約 50 人の参加があり、全国的な口話法採用の原動力となった。その講習会では、名古屋校児童が読唇発音朗読対話談話を披露する児童学芸会、橋村による講話「口話方式教授の実施について」、名古屋校教員陣

による実際の発音読唇指導、国語科指導、数学科指導の実践現場の見学
が行われた。1925 年 7 月 22 日から 28 日までの計 7 日間には第 2 回の
講習会が開かれ、約 70 人の参加で盛況であった。この場では、川本宇
之介の講演や、西川吉之介の親の談話も行われた。

　さらに、口話法教授に最も重要であるとされる初学年の口話教授のた
めの研究会が、1926 年 1 月 30 日から 3 月 12 日に名古屋校で開催され
た。これは『口話式聾教育』で聾児を募集し、入学試験の場で講師が口
話法による最初の授業を行うのを参観し、練習するという実践的なもの
で、実質的にはまだ教授法が確立していない予科教員を養成する役割を
担うこととなった。

　著書の刊行に非常に熱心であり、前出の聾教育口話法概論のほかに、
伊藤蘚一を教員として迎え、音声学的発音指導法を研究し、聾啞会話読
本、聾啞国語読本、聾啞国語教授法を編集した。さらに、1919 年には
吉田角太郎を招き、口話法の研究に加えて、文章教授法にまで進めた。
1920 年 4 月の入学生から、純口話式聾教育の実施に踏み切って、それ
までの学級編制に併せて口話学級を設けるというかたちで取り組んだ。
この実践は注目を集め、後に、口話教育の教材である聾啞国語読本の巻
三、巻四及び聾児会話教授法の編集を安藤太三郎に、聾啞国語読本巻五、
巻六、巻七の編集を吉田角太郎に着手させた。この時期は口話法の準備
期間と位置づけられよう。橋村が自ら提唱した純口話法とは「聾教育上、
手真似または文字と話語とを、最初から使用するところの文字的口話法
または手真似式口話法に対する名称で、普通児の教育法とほぼ同様の方
法、即ち、言語一点張り、または、言語中心主義によって教育する方式」
とされていた。従って、橋村の言語教育の基本的な考えは、ドイツのモ
リッツ・ヒルやアメリカのキャロライン・イエールに共通する口話法で
あったものと考えられる。

　1924 年 11 月の『愛知教育』第 443 号には、橋村の「名古屋市立盲啞学

校聾啞部口話法実施経過」が掲載されている。そこには、結語として、「13ケ年間の努力の結果としては、（略）聾教育たるや本校創立当時は、全く未開の状態にて総べての問題は、吾人の研究と努力によって解決せなければならなかった。（略）聾教育口話法可能の宣伝を怠らないことである」と述べている。橋村が口話法に力を注ぐ契機としては、生徒の就職先をめぐって、聾者が発音できないと会社に雇ってくれないと痛感し、手話教育を止めて口話教育へと方向転換した逸話が残っている。

　橋村の教育方法は、音韻教授法、文字的口話法、純口話法、手話法にかわって、1938年に発表した会話自然と通称される手法に発展した。これは、児童の生活と言語の結びつきを重視したもので、幼児の言語習得の心理研究をもとに、気持ちの上に立脚した教育、児童の心に呼びかけつつ、生活をともにしてその要求を記してやるなどの原則が述べられている。ここでは、要求から出発した内面を表現する言語を獲得するための教育方法に注目していた点を見落とすことはできない。

　橋村の功績は口話法が有名であるが、その他に、東区小川町49に本要寺書院を借り受け、6条からなる寄宿舎規則に則り寄宿舎を開設した。1913年4月1日制定の同規則第1条は「寄宿ヲ願フモノハ日常起居ノコトヲ自辨シ得ル者タルベシ」、第3条は「寄宿料ハ1ケ月凡ソ4圓50銭トス」となっている。さらに、盲部鍼按科の指定認定に始まり、鍼灸按マッサージ科としての灸術認可を受け、音楽科の加設による卒業生の生活向上を図った。名古屋市会の決議により寄附金を募集し中区宮前町への新校舎移転を成し遂げた他、名古屋において盲啞教育令発布期成会を組織して、盲学校及聾学校令公布の気運を高めた。

　最後に、橋村が以上のような尽力できた動機は、私立名古屋盲啞学校の創設者である長岡重孝の志を引き継いだことにあるといえる。他の著書に、『音韻教授法：口話式聾教育』（1960年）、自伝に『人の話を目にて知る』（1965年）がある。

【参考文献】
- 伊藤蕗一『日本聾唖秘史　言わぬ花』、跋 pp.3-4、1940 年、　教育研究會。
- 愛知県立名古屋盲学校記念誌委員会『愛知県立名古屋盲学校創立八十周年』、1981 年。
- 愛知県立名古屋聾学校『名聾八十年史』、1981 年。
- 峰島厚「橋村徳一」(精神薄弱問題史研究会『人物でつづる障害者教育史　日本編』、pp.78-79、1988 年、日本文化科学社)。
- 藤川華子、高橋智「1920 年代における川本宇之介の聾教育システム構想と官立東京聾唖学校改革」(東京学芸大学『紀要　第 1 部門　教育科学』、第 56 集、pp.201-216、2005 年)。
- 小川英彦「3『障害児教育』の動向」(名古屋市教育委員会『名古屋教育史 I　近代教育の成立と展開』、pp.520-527、2013 年)。

≪労働と人間発達を探求≫

秦 安 雄
(1931 ～ 2016)

1931 年に愛知県新城に生まれる。1953 年に名古屋大学教育学部を卒業し、同大学院教育学研究科教育心理学専攻を修了する。1955 年に日本福祉大学の前身である中部社会事業短期大学に助手として採用され、2 年後に短大が日本福祉大学に改組したときに講師となり、2001 年に同大学を退職する。大学の学部長等を歴任し、大学の民主的運営と発展に大いに貢献した。短大時代を含め 46 年間にわたり勤務したあと、中部学院大学大学院教授となる。専門は教育心理学、障害者福祉論。ゆたか共同作業所づくりにかかわり、ゆたか福祉会理事長や全国障害者問題研究会副委員長・顧問などを歴任する。著書に『ゆたか作業所－障害者に働く場を－』(1975 年、ミネルヴァ書房)、『障害者と社会保障』(1979年、法律文化社)、『障害者の発達と労働』(1982 年、ミネルヴァ書房)、『障害者福祉学』(1998 年、全国障害者問題研究会出版部)、『福祉を築く－鈴木修学の信仰と福祉－』(2005 年、中央法規出版) などがある。

秦は特に次の二点に尽力した。第一に、1967 年に結成された全国障害者問題研究会 (以下、全障研とする) に参加して、田中昌人 (京都大学)や清水寛 (埼玉大学) の発達保障論に強い影響を受け共感し、人間発達の研究に取り組んだ。

第二に、学校卒業後の大きな不安を抱える親や教師の相談に応じて、わが国で最初の共同作業所となる「ゆたか作業所」(1969 年に名古屋で設立) を支援し運営を担った。また、作業所運動の全国展開に強い影響を与え、全国組織の共同作業所全国連絡会 (現きょうされん) の結成に貢献した。

ここに、生涯の研究テーマとしての、障害者の働く権利の保障と発達

論を結びつけた研究にたどり着くのである。労働と発達の関係論である。

　後者の「ゆたか作業所」の実践の核心は、中度・重度といわれる知的障害者の人間的発達をみごとに実現していることである。それは、労働権の保障をめざし、自らの手で広範な人々の支援を得て労働の場を確保し、生産的労働集団を組織することを通じて実現してきた。どのような条件のもとで、彼らの人間的発達＝解放が可能になるのか、人間の限りない発達とはどういうことをさすのかを実践より汲みとることができる。労働の場と集団労働がポイントである。

　人権保障の立場に立って考えれば、共同作業所での労働には、教育的意義や医療的意義の側面があり、人間の生存権保障にとって重要な役割を果たしている。秦は、真に人間としての生存・発達を保障する上で、こうした労働を欠かすことができないと力説している。

　「ゆたか作業所」開設当時に次のような実践目標が提唱されている。（全障研『みんなのねがい』26号）

　① すべての人にひとしく労働権の保障を

　② 仕事に人を合わせるのではなく、人にあった仕事を

　③ 人にあった「労働・生活施設」「職場」づくりは、民主的な地域づくりである。地域が障害者を人間として尊重する考え方に立たなければ障害者の労働権はかちとれない。働くことによって発達を保障する職場づくりをねがいめざしていこう。

　この文面から、全面発達を保障する教育として労働教育を位置づけ、全校で集団主義教育の実践をすすめるにあたり、集団労働に取り組んだ京都府立与謝の海養護学校の実践を参考にしたことが明らかである。

　さらに、「ゆたか作業所」は学校ではないものの、その実践は当時の「特殊教育論」への批判でもあった。すなわち、「愛される障害者」像をめざした態度形成に力を注ぐという当時の文部省政策への問題提起になっていた。よって、人間の全面発達を保障するために不可欠のものとしての

労働の教育的意義を、作業所という場で確認していたのであった。一見、障害者施設の開拓のようにみえるものの、その中身は教育内容を世に問いかけるものであったという点に先駆性を評価できる。まさしく、福祉と教育の連携であった。

「ゆたか作業所」が全国の先陣をきって共同作業所の大切さを一貫して発信し、わが国の障害者分野の状況を変革する端緒になったと言っても過言ではなかろう。ここには、共同作業所づくり運動を励まし、方向づけたという努力がある。また、①地域住民共同の事業に、②障害者を中心に家族、職員、運営に携わる理事など関係者すべてが共同し、③障害のある利用者が共同（協力や支え合い）の気持ちをもとうというキーポイントがある。 地域を舞台とした労働と生活の営みは、青年期・成人期障害者の発達と健康を現実のものであり、そのためには障害者の豊かな地域生活を支える制度づくり、地域づくりが必要であるといえる。

加えて、晩年には、鈴木修学と八事少年寮を研究した。これは、どうしても着手しておかなければならないという秦の問題意識の表れである。この点については、本書の著者である小川英彦への問い合わせもあった。新たな資料発掘により、名古屋に唯一存在した知的障害児施設・八事少年寮の実態解明に一歩進んだ労作である。

大学の研究者でありつつ、実践の場に入り、開拓した生涯であった。

【参考文献】
- 清水寛、秦安雄『ゆたか作業所－障害者に働く場を－』(1975年、ミネルヴァ書房)
- 鈴木清覚、鈴木峰保、秦安雄、藤井克徳、山田明『障害者の労働と共同作業所づくり』(1976年、全国障害者問題研究会)

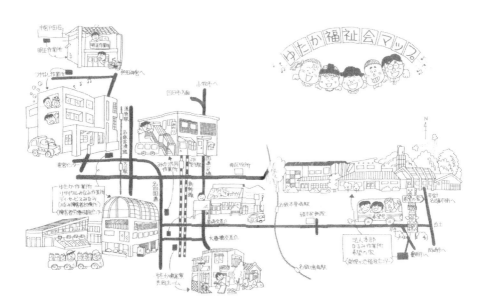

≪岡崎の竹の子幼稚園でインクルージョン保育≫

平岩ふみよ
(1948 〜)

　1948年愛知県に生まれる。1973年4月に開園した学校法人蓑川学園・竹の子幼稚園に就職する。1998年から同園の園長となり今日に至る。2003年から理事長も兼任している。1987年から現在まで愛知県私立幼稚園新規採用教員研修講師。1992年から1994年にかけて、「子どもに意欲をもたせる働きかけとは」の研究テーマにもとづき、園の日常生活及び行事の観察、個の観察から保育のあり方を考察する。1996年に愛知教育大学幼児教育講座の特別授業講師、同年から2004年まで岡崎女子短期大学のウィークエンドセミナーの講師。2004年から2017年には同短期大学の非常勤講師として障害児保育を担当する。2004年からは人間環境大学大学院の臨床心理分野のアドバイザー、三河地区公立小中学校教育研修会の講師。2005年には岡崎市幼保小連絡協議会の助言者で「特別支援教育、発達障害児への対応」を担当する。

　2007年より日本保育学会の会員となり共同研究者として参加している。

　同年には、愛知県私立学校教職員表彰にて教育者表彰を受ける。

　竹の子幼稚園では開園当初より「子どもたちの育ちをいっしょに応援し喜びあいましょう」と呼びかけ、保護者は各クラスの教室の前まで送り迎えをしたり、行事も基本的に親子・家族参加の方針で、園の様子はすべて見えていた。つまり、園運営が非常にオープンであったという点に大きな特徴がある。開かれた教育こそ人間を育てる上で欠かすことのできない条件であるという考えを実践していたのである。

　障害児の受け入れに関しては、開園して10年間ほどは、障害児の入園希望が増え始め、人的配置も現在ほど進んでいない事情もあり、体制を大きく見直しながら今日の基礎を形成した時期に相当する。その頃の

保護者らの様子について、「障害児に対する大きな偏見はみられなかったが、行事においては、なぜ走れそうもない子をリレーに出さないといけないのか、見学でもいいじゃないかといった見学参加という意見もあった。一方、障害児の保護者の中にも、無理のない範囲でとか休んでもいいですといった声もあった。しかし、私たちは、竹の子幼稚園に入園した子はみんなで参加できる行事をあくまでもつくりあげたいと保護者たちに言い続けた」と述懐している。ここに、同園のインクルージョン保育の源を見出すことができると評価したい。

保護者の理解を深めるために、毎週発行の通信でも園の思い、エピソードを綴り、根気強く紹介した。この継続があったことで、同園の運動会や生活発表会などの行事は、いろいろな子どもたちがいっしょに参加することが深く浸透していった。まさしく、多様性があるのが当たり前、前提であるという意識が教職員から保護者全体に根付いていった過程を見出すことができる。

平岩が書いたいくつかの実践記録がある。「幼児期こそ、インクルーシブ教育を」の中では、幼児期は、ほとんどのことを体験的に学んでいく時代として、自閉症の母親が地域で子育てをしていく中で実感した「知って」「感じて」「慣れること」という名言を紹介している。障害のある子をなんとかしてあげようではなく、どの子もここにいて当たり前である。そのために必要なことを工夫し努力し続けよう。経験だけに頼らず工夫と努力し続けることは保育の質の向上であり、保育者も豊かな人間になれるという保育観が根底にある。

幼児期は障害の有無にかかわらず成長には個人差がある。保育の場では一人ひとりへの理解を深め、その状況に応じた援助をしつつ、集団での生活ができるように進めていく。幼稚園や保育所で、障害のある子どもは困難さに応じた個別の支援を受けながら生活する。仲間と「同じ生活」はできないかもしれないが仲間とともに「いっしょの生活」をする喜

びを体験できるのである。これは、個別指導と集団指導は対立するものではなく、車の両輪のごとくともに不可欠であるという、障害児の育ちと仲間の必要性を説いた考えである。

さらに、子ども同士の育ち合いだけでなく、保育する側の連携にも力を入れている。障害児だけのクラスを作らず、年齢別のごく当たり前のクラスで、担任と副担任のふたりがどちらも担任という意識で保育をしている。そして全体理解を深め、クラス、年齢にこだわらないオープンな保育をめざしている。障害児の情報が担当のクラス、担当保育者だけのものにならないように、教職員の毎日の打ち合わせに加えて、検討会が必要に応じて開催され、発達課題などを園全体で共有する努力をしている。この検討会には、医師、保健師、児童相談員、心理学者といった専門職員に参加してもらう時もある。

また、こうした保育は、すべての保護者の理解と協力なしではできない。保護者の集まり、たけのこ通信、連絡帳、家庭訪問といろいろな機会をとらえて、園の教育方針が浸透していくように働きかけ、園と保護者の信頼関係を作り、ともに子育てをしていることを理解しあっていく。

障害児の入園に際しては保護者への細かなステップが設定されている。①はじめての来園、②園内見学、保育参加体験、③入園手続き、④体験入園、⑤クラス編成（1〜2月）、事前打ち合わせから入園式へ、⑥母子通園（1週間から10日間、半日保育の間）の流れである。また、1980年には「親の会」を発足させた。保護者のもつたいへんさ・苦労を互いに語る場の意義は大きく、長年の経験が蓄積されている。特に、卒園生の親たちが在園児の親の求めに快く応じて自分の体験を語り相談に応じていることは、保護者支援のひとつとして大きなインパクトがあると評価できる。親同士の縦の関係（卒業した子の親と在園している子の親の関係）を築くこと、障害児子育て術を地域でライフステージに合わせて伝承するという効果がある。

　「問題行動」のとらえ方では、障害のない子どもたちには「まだ3歳だから」とか「まだ幼稚園に入ったばかりだから」というように、発達段階を考慮した対応を自然にしているものである。しかしなぜか、障害のある子どもに対しては、その発達の遅れた部分、行動の問題の部分に着目してしまいがちではないだろうかと問いかけている。「問題行動」は、その行動を問題にする人がいるから存在するのである。「問題行動」は問題にする人の価値観や人間観によって問題ともなるし、全く当然な行動ともなる。つまり、ここでは「問題行動」に目を奪われてしまって、子どもがみえなくなってはいけないと警鐘を鳴らしていると理解できる。園ではこの子の発達段階が今ここで、どのように発達しようとしているのかという意識をもって関わることのできる保育者がいることがどれほど大切かを説いている。

　幼児教育の中で重視されている「いのち」「思いやり」「やさしさ」などの心の育ちは、言葉で教えることはできない。子どもたちが、生活体験のあらゆる場面で、感じとって学んで積み重ねて確かなものにしていくのである。

　さまざまな違いをもった人たちがともに生きていく「共生」の発想での社会づくりが大事である。当たり前の生活から疎外されてきた障害のある人の人権を確立するとともに、障害のない人に人と人とのつながりを強く意識させるという意味でも、幼児期にともに生きる体験をすることは重要であると訴えている。

【参考文献】
• 小川、広瀬、新井、高橋、湯浅、吉田『気になる幼児の保育と遊び・生活づくり』（2011年）。

≪肢体不自由児教育に尽力≫

藤 田 貞 男
(1916 ～ 1989)

1916 年に三重県員弁郡藤原村に生まれる。戦前は、三重県・岐阜県おいて小学校・国民学校・青年学校・実業学校・青年師範学校に勤務する。1947 年に岐阜県不破郡今須村立今須中学校の校長となる。1949 年から岐阜県教育委員会管理課に、1952 年に愛知県教育委員会管理部教職員課に勤務する。1956 年に愛知県立名古屋養護学校長に就任する。1965 年に愛知学芸大学 (現愛知教育大学) の非常勤講師になる。1967 年に愛知県特殊学校長会会長に、1973 年に全国肢体不自由養護学校長会会長に、1975 年に全国養護学校長協会会長になる。1976 年に愛知県立名古屋養護学校校長に就任する。1979 年に愛知県特殊教育推進連盟理事長となる。さらに、1977 年からは愛知県海部郡蟹江町長に就任した経歴もある。1989 年に急性心不全により逝去する。享年 72 歳。

文部大臣表彰、中日教育賞、日本肢体不自由児協会表彰、特殊教育百年記念会表彰、内閣総理大臣賞、高木憲次賞などと、長年の肢体不自由教育の発展向上に尽力した功労からいくつかの表彰がある。

主な著書に、『この子供たちに幸せを－手足の不自由な子－』(1962 年)、『養護学校 (肢体不自由) 教育概説－小学部学習指導要領解説－』(1963 年)、『この子らに希望を－手足の不自由な子－』(1966 年)、『子どもはみんな神の子－心身障害児のおかあさんへ－』(1971 年)、『子どもは何を望んでいるか－障害とたたかっている子ら－』(1976 年)、『力強い障害児の育成－心の蕾を開かせよう－』(1981 年) がある。

愛知の肢体不自由児教育の源は、1955 年に西春日井郡山田村 (現在は名古屋市西区山田町) に全国に先駆けて開設された肢体不自由児施設「青い鳥学園」(定員 50 名) にある。入園児の教育を行うため、愛知

県教育委員会から教員を派遣した。1956年4月1日に愛知県立養護学校が開校され、初代校長に藤田貞男が就任する。教諭2名、講師3名、事務吏員1名で、青い鳥学園の園舎を仮校舎として授業を開始した。

開校当時、肢体不自由児の学校は、全国で東京都立光明小、中学校1校のみであったが、同年から大阪府立養護学校、神戸市立友生小学校、そして同校の3校が設立され、合計4校となっている。同校は、肢体不自由児施設における療育の一環をなしたため、この種の養護学校のモデルとして注目された。

開校に向け、藤田は光明小、中学校を訪問し、文部省特殊教育室長の辻村泰男や校長の松本保平よりアドバイスを受けた。さらに、7月から1週間にわたって全教員が寄宿舎に泊まって研修をした。

開校当初は、施設入園中の学齢児童・生徒の教育を目的としていたので、児童・生徒数も少なく、最初は複式学級編成であった。しかし、年を追うごとに施設を退園して自宅から通学する者が増加する一方、施設への入園とは関係なく直接学校へ入学を希望する者も増えてきたことから、寄宿舎の設置、スクールバスの運行、義務教育終了後の高等部普通科の設置を行った。

1957年に第一回肢体不自由教育研究会を同校で開催し、先の3校の教員が参加した。さらに、1959年には第四回全国肢体不自由教育研究協議会を名古屋聾学校千種分校で開催した。

1956年度の児童・生徒数は、小学部36名、中学部10名、特別班6名の総合計56名であった。また、1957年の各教科は、小学部が国語、社会、算数、理科、音楽、図工、家庭、機能訓練、中学部が国語、社会、数学、理科、図工、保体、職業家庭、英語、機能訓練であった。

著書『この子らに希望を』は次の章立てになっている。第一章「なぜ手足が不自由になったか」、第二章「手足の不自由な子どもの育て方」、第三章「この子らのためにどんな福祉施設があるか」、第四章「学校教育は

116

どのようにして行われているか」である。

　著書『子どもは何を望んでいるか』は次の章立てになっている。第一章「希望を抱いて前向きの姿勢で」、第二章「個性の伸長と劣等感の克服を」、第三章「訓練は子供の能力にあわせて」、第四章「社会から期待される障害児を」、第五章「子供たちの叫びを心の糧に」、第六章「苦労の多い障害児の養育だが」である。同書の第六章では、今日に通じる障害児理論を打ち出している。それは、①胎児期、乳幼児期、就学前期、児童期、青年期の段階について順序をふまえて成長すること。②その発達過程で1歳から5歳までが重要な時期であること。③障害を克服するための治療や訓練は、早期に発見し処置することが第一の要件であること。④障害児の場合、発達の速度やその内容に著しい差はあるが、普通児と同じように一定の段階を通って成長すること、である。発達のプロセスには順序性と普遍性があること、障害の早期発見と教育へのフォローの重要性は、先駆的な考えであり、実践から引き出したものであった。

　著書『力強い障害児の育成』は次の章立てになっている。第一章「強くなってほしい両親の姿勢」、第二章「劣等感を持たせない養育態度」、第三章「人間性に立った障害児の育成」、第四章「残存機能の発見と的確な訓練」、第五章「親の養育態度の事例と家庭の心得」、第六章「忘れてはならない子供の訴え」である。

　藤田の著書には一貫して、①長年の障害児教育実践を通して得られた障害児の真実の姿、②子どもたちの内に秘められた切実な要求、③保護者を絶えず支援する、という姿勢があると評価したい。換言すれば、障害児教育実践における科学的研究態度と、障害児や親に対する限りない愛情にあふれていたと言えよう。

　加えて、藤田は愛知県内のいくつかの養護学校の校歌の作詞、親への励ましの歌の作詞もした。後者では「なかよく強く」と題して次の詞を

作った。「あのこのできないそのことを　わたしがやらなきゃだれがや
る　それをやらなきゃそれをやらなきゃ　のびるわかめもそだたない
だからみんなで手をくんで　仲よく強く進もうよ」

　また、親への励ましの言葉として、高木憲次の「母におくる」を大切
にしていたようである。それは、「唯、嘆いたり　世を儚んでいる　お
母さんであったら　所詮わが子から　嘆き恨まれたり　あるいはわが子
の　諦念　自暴自棄の姿に　胸をつかれることと　なるであろう」とい
うものである。"日本の肢体不自由の父"であり続けようとした姿勢が、
高木賞の受賞にもつながったのであろう。

【参考文献】
• 愛知県特殊教育の歩み編集委員会『愛知県特殊教育の歩み』、pp.578-600、1977年。
• 藤田貞男先生教育関係著作集刊行委員会『手足の不自由な子らとともに－藤田貞
　男先生教育関係著作集－』、2000年。
• 藤田貞男『子どもは何を望んでいるか－障害とたたかっている子ら－』(pp.171-
　173、1976年、愛知県立名古屋養護学校互助会)。

≪名古屋・みなみ子ども診療所での地域医療≫

堀 江 重 信
(1932 〜)

　1932 年に静岡県に生まれる。1963 年に名古屋大学大学院医学研究科
を修了する。名古屋・みなみ子ども診療所所長、名古屋・南生協病院副
院長としても診療にあたる。南部地域療育センターそよ風所長を務める。
主な著書に『社会小児医学』(1972 年、医歯薬出版)、2 歳までを重点的
に扱った『赤ちゃん』(1978 年、新日本出版社)、『障害乳幼児の発達と
医療』(1980 年、青木書店)、出生前から幼児期までではあるが特に幼
児期に重点を置いた『幼児のための医療と保育』(1984 年、青木書店)、
『からだづくり・けんこうづくり』(1985 年、ミネルヴァ書房)、『障害
児の医療と療育』(1987 年、青木書店) などがある。

　名古屋・みなみ子ども診療所が療育部を新設して、障害児医療 (療育)
に本格的に取り組み始めたのは 1976 年である。医師のほかに臨床心理
相談員、聴能言語士、療育部職員などの専門スタッフを徐々に増員し、
全国障害者問題研究会や障害者の生活と権利を守る全国協議会の仲間、
その他多くの関係者に学びながら、0 歳児から中学生までの数百人の子
どもの療育に取り組み、その家族とともに発達保障への道を模索してき
た。

　『幼児のための医療と保育』の概要は、子どもを丈夫に育てるための
個々の知識を述べるとともに、育児を時間軸と空間軸とで大きくとらえ
ている。前者は子どもを発達的にみること、子どもの将来を見通した育
児であり、後者は子どもを社会の中でとらえることであり、子どもの健
康と発達のための社会的条件づくりといえよう。

　『障害乳幼児の発達と医療』は名古屋・みなみ子ども診療所の職員が
分担して執筆したが、症例が乏しいため新たに『障害児の医療と療育』

を刊行した。約7年間で多くの症例を蓄積し、症例を中心として障害の見方、医療療育のあり方を考えている。そこでは障害児に対して医学・医療が果たすべき役割は、もとより診断だけでなく、リハビリテーションも含むとしている。

「地域精神衛生活動」と称して、地域は重要な発達環境であり、子どもの発達保障について論ずるとき、地域問題を避けて通ることはできないはずであるという指摘をしている。そして、早くも1970年代の活動から、重点目標を①早期発見・早期治療体制づくり（乳児健診、日常診療）、②地域社会におけるコンサルテーション活動（地域の保育者・教員との交流、保健所・保健婦との交流、関連診療所・病院との交流）に定めている点は先見の明を感じさせる。

南部地域療育センターそよ風は、通園施設と相談、診療機能をもつ小さなセンターであるものの、堀江の今日までの経験を活かして、今ある機能を精一杯活用し、障害児とその家族の願いである障害の軽減、豊かな育ちと地域生活のために努力し、それを可能にしている。

堀江は、『現代と保育』（さ・さ・ら書房）の特集「乳幼児の発達保障と生活・保育」（1979年）、「乳児保育」（1980年）の中で、医学的見地から提言し、自閉症と治療を論じた。まさしく医学と保育の総合的な営みと言える内容であった。

【参考文献】
・　間宮正幸「地域精神衛生活動の試み－活動の概況と理論的諸問題－」（第4回障害者医療研究集会運営委員会編『障害児にとりくむ医療』、pp.192-207、1978年）。

≪児童精神医学の構築≫

堀 要

(1907 ～ 1983)

1907 年和歌山県有田郡箕島町に生まれる。1932 年名古屋医科大学卒業、名古屋医科大学精神科学教室入局、1936 年名古屋医科大学附属病院内に児童治療教育相談所の設置、名古屋少年審判所医務嘱託、1937年精神薄弱児施設の八事少年寮の開設（杉田直樹園長）、1938 年精神神経病学研究のためドイツに留学、1940 年児童精神病学の研究嘱託、1950 年名古屋大学助教授精神神経学科所属、児童研究グループの再興、1951 年日本保育学会理事、1960 年日本児童精神医学会理事、1964 年名古屋大学教授、1967 年日本精神薄弱研究協会評議員、日本精神神経学会総会における会長講演、1970 年愛知県社会福祉審議会委員、1971年名古屋大学を定年退職、中央児童福祉審議会委員、1972 年国立特殊教育総合研究所運営委員、日本福祉大学教授、社会福祉法人あさみどりの会理事長、1975 年名古屋市児童福祉審議会委員、1983 年名古屋大学医学部附属病院にて死去、正四位に叙される。

1932 年、名古屋医科大学（現名古屋大学医学部の前身）の第 1 期生として卒業し、精神科の杉田直樹教授の門下生となった。ビネーが 1905年に出版したメンタルテストの紹介にあたって、ビネーを日本に紹介したのは三宅鑛一とする説がある中で、『医学中央雑誌』第 6 巻の記述を根拠にして杉田を最初の紹介者とした点に注目できよう。

杉田の薫陶を受けた堀は、外来診療における神経症青年の治療経験から幼児期の問題への関心を強めていた。その成果は、たとえば 1950 年に名古屋市立汐路小学校で行われた婦人会を対象にした「思春期の心理と生理」の講演や、同年刊行された園児から青年期にわたるカウンセリングの記録集『十字路に立つ子ら』として表している。

　1935年、回診の際に堀が杉田教授に「子どものことをやりたいのですが」と申し出たところ、杉田はすぐに「精神医学者が子どものことをやることは大切だが、堀君それでは飯が食えんよ」と答えた。堀は「でも、まさか餓死するようなことはないでしょう」と言ったところ、「そこまで思うなら、やりたまえ」ということになった。この会話の背景には、1927年に三田谷啓が三田谷治療教育院を創設した時に、冨士川游が後援会をつくり杉田も参加した際の苦難状況や、児玉昌の城山病院初代院長時代の苦難があったと思われる。

　杉田は、堀のために早速、当時の小児科の坂本陽教授を誘って病院内規を作った。外科診療棟の3階には小児科と精神科が隣接しており、両科から隣り合わせの一室ずつを出し合って、1936年4月11日から「児童治療教育相談室」を開設することになった。これこそがわが国で最初の児童精神科クリニックであった。精神科では助手の堀が担当し、小児科では助手の詫摩武麿をはじめ何人かが担当する体制であったため、一人の子どもを精神科医と小児科医が診療する、精神面と身体面の両方からの検診ができる形となった。当時、問題のある子どもが精神科外来を訪れることは稀であった。

　1960年に村上仁と高木隆郎らによって、『児童精神医学とその近接領域』が創刊された。高木四郎、高木隆郎、黒丸正四郎、堀らの音頭により、日本児童精神医学会が結成された。同年に名古屋大学助教授に復帰した堀は、1963年には第4回児童精神医学会総会を名古屋で主催した。以後、高木隆郎らと近畿東海児童精神医学懇話会を春秋に定期開催し、1964年には定年退官の村松の後を継いで堀が精神科4代目の教授に就任した。1967年には第64回日本精神神経学会総会において会長講演「児童精神医学の動向」を行った。その結びでは、「現在では欧米はすでに第Ⅳ期に入っているが、すなわち児童精神医学が独立の医学の専門分野となってきているが、日本では今第Ⅲ期にある」、「児童精神医学は人

類の平和を守る人格の育成に必ず貢献する」と述べた。

1968年から3年間、厚生省特別研究部の自閉症研究班の班長、日本児童精神医学会の児童精神医療体系に関する委員会委員長を経験する中で、「児童精神科医療に関する要望」、「委員会の中間意見」などをまとめている。ここでは児童の精神障害への施策がまだ不十分なこと、部門と職員構成の整備についてまとめている。これまでの貢献に対して関係者が、『児童精神医学とその近接領域』の還暦記念特集号を組み、『堀教授還暦記念論文集』が名古屋大学精神医学教室から刊行された。1978年には第19回日本児童精神医学会において特別講演「これからの児童精神医学」を行うなど、常に中心的立場で指導力を発揮した。

1964年に十亀史郎によって三重県に児童精神科医療施設のあすなろ学園が設立された前後に、十亀は堀のもとにしばしば相談に訪れた。児童治療施設の新設のために同学の士への労を惜しまない堀の支援態度がみられる。

1967年、自閉症児をもつ親の自助グループである名古屋自閉症親の会が発足するにあたり、指導的立場にあったことから会の名を「つぼみの会」と命名した。大学評議員、附属看護学校校長、附属病院医療社会事業部長の他に、日本児童精神医学会理事、日本精神薄弱研究協会評議員、日本心身医学会評議員の学会役員、さらに1969年には附属病院院長事務取扱も歴任した。

1972年からは日本福祉大学教授（1979年から4年間学監）として社会福祉を志向する学生の教育にあたる。愛知県社会福祉審議会委員、愛知県地方精神衛生審議会委員、名古屋市児童福祉審議会委員、中央児童福祉審議会委員、社会福祉法人あさみどりの会理事長、国立特殊教育総合研究所運営委員、日本精神薄弱研究協会評議員など医療・教育・福祉の各方面にわたって精力的に活躍した。

特に、社会福祉の活動では、あさみどりの会の理事長として同会の障

害児通園施設さわらび園の幼児への療育とわらび福祉園の青年たちへの支援、名古屋市特殊教育の草分け時代からの援助の中で木曽駒、こがら山荘での保護者支援、中日サマースクールでの母親や家族相談、講演会や研修会にも力を注いだ。加えて、名古屋市立の若杉作業所での定期健康診断にかかわっている。

　以上のような生涯に亘る医学・教育・福祉に関する業績により、1978 年叙勲にて勲三等旭日中綬章を叙せられた。

　代表的な著書として、『こどもの神経症』(1966 年)、『児童精神医学入門』(1975 年)、『精神衛生より精神保健へ』(1978 年)、『遊びの治癒力』(1978 年) がある。

【参考文献】
- 若林慎一郎「児童精神医学史における堀要の位置」(季刊『こころの臨床』、第 15 巻第 2 号、pp.22-27、1996 年)。
- 小川英彦「児童精神医学者・堀要の障害児者支援」(至学館大学『教育研究』、第 21 号、pp.1-11、2019 年)。

≪障害児への臨床心理学的接近≫

村 上 英 治
(1924 ～ 1995)

　1924年名古屋市に生まれる。1950年に東京大学文学部心理学科を卒業する。1988年に名古屋大学教育学部退官。その後、椙山女学園大学人間関係学部教授、日本学術会議会員 (第14,15,16期)。

　著書に『臨床心理学』(共立出版)、『質問紙調査』『面接』『臨床診断』『ロールシャッハの現象学』(東京大学出版会)、『ABS適応行動尺度』(日本文化科学社)、『障害重い子どもたち』(福村出版)、『心理臨床家』『人間性心理学への道』(誠信書房)、『人間が生きるということ』(大日本図書)、『生きること・かかわること』(名古屋大学出版会)、『教育心理学への歩み』『重度心身障害児』(川島書店) など多数ある。

　名古屋大学を定年退官したあとに、「あさみどりの会」の三代目理事長に就任する (初代が堀要、二代目が北野博一)。伊藤方文との出会い、1964年から毎年刊行されたカメラ・ルポ、糸賀一雄の「この子らを世の光に」の映画化といった障害児支援の開拓期であり、こころの広がりとこころの育ちを目標と掲げていたことからも、福祉の心が村上の活動を支えていたと読み取れる。

　名古屋市の特殊教育を開拓した川崎昴 (菊井中学校) の授業を村上が分析したエピソードが残っている。「川崎さんの方は授業形態が散漫だけれど、子どもたちは非常に生き生きとしいる。(略) 卒業後もどのくらい目を注いでいるかということによっても大きく変わってくる」と評価しているのが興味深い。さらに、1960年代において、知的障害児の授業研究でも村上は名古屋市の特殊学級を対象にいち早く分析を行った。心理学と教育学の接点としても注目される業績である。大西誠一郎や丸井文男らとの共同研究は名古屋大学教育学部紀要に幾編か報告され

ている。

　1970 年代には、愛知県心身障害者コロニーでの教育研究実習で重度の障害児とかかわり、人間学的接近を標榜した一連の研究を行い、療育の理念を形成した。障害児に対する人間存在の意義、発達の可能性への期待を"ひと"とのかかわりの内に求めようとする考えである。①かかわりの深まりと拡がりという次元で展開すること、②発達はただ子どもの側のみの問題でなく、それとかかわる療育者自身の発達、さらにその相互の成長として期待されること、③内側からの共感的理解によってのみ成り立つものであること、という視点が示されている。1975 年に後藤かをりは、療育の基本的内容は自己にかかわる世界の構造の変化であると述べたが、そこから更に未分化から分化へ、受動から能動へ、さらにかかわりの深化と拡大が、障害児の発達を促すものであることを明確にしたといえる。

　終生の根底的な考えは「臨床のこころ」があったと考えられる。村上によれば、常に相手と「ともにあろう」とするものであり、それは相手を冷たく対象化する態度とは異なり、臨床家自身が必然的に己自身と対決することを必要とするものであった。人間がよりよく本来的に生きることのすばらしさを求めていた活動であった。村上が故郷の名古屋に戻り、臨床の扉を叩くきっかけとなったのは、第八高等学校、東京大学の先輩であり、名古屋大学医学部精神医学教室、八事少年寮設立者の杉田直樹の長男の杉田裕とのかかわりである。杉田直樹のあとを継いだ村松常雄が臨床心理学者の養成に携わった縁であることも愛知の歴史上欠かせぬ点であろう。

【参考文献】
・　村上英治『重度心身障害児－その生の意味と発達－』(川島書店、1976 年)。
・　小川英彦「精神遅滞児教育における授業研究の動向」(日本精神薄弱研究協会『発達障害』、第 13 巻第 2 号、1991 年)。

≪八事少年寮内分教場付設学級の担任≫

村 田 幸 一
(1896 〜不詳)

　1896年下関市に生まれる。1914年に市立下関商業学校を卒業し、1915年に下関市立文関小学校に務める。1943年に下関市立川中小学校長、1947年に下関市立本村小学校長、1951年に本村小学校において文部省主催第一回全国特殊教育研究集会開催、1952年に第一回読売教育賞受賞、1953年に退職する。1954年1月に管理の任を帯びて名古屋市八事精神薄弱児学園の主事、1964年に日本福祉大学の講師、1968年に同大学退職する。

　1950年度の財団法人昭徳会の計画書によると、精神薄弱児施設の八事少年寮内に特殊学級を設けるとある。まさしく福祉と教育の連携である。臨時予算を組んで土地建物を整備し、実現したのは1954年である。1953年度に名古屋市教育委員会に付設学級設置を申請して、1954年1月1日開設の認可を得ている。

　その付設学級の開設理由は次のようである。「在寮児の過半数が、両親を亡くし帰るに家なき子であり、残りの大多数が生活困窮家庭の子女である以上、児童福祉法による在寮可能年齢、満十八歳までには何とか就職可能の最低線に迄は、精神・技能・体力共に育て伸ばさなければ、その前途は光明に乏しい物になること必至と云わなければならないであろう。社会的に無能力の儘放置することは非行少年化への最短距離に位置することである。この危険から救うこともその防波堤的役割として大切である。純粋に精薄児の幸福を高める意味からもそれぞれの能力に応じて可能な限りの教育を施こすことの必要は謂うまでもない。そのため昭和二十八年、特に市教育委員会に申請して在寮児童を教育対象とする付設学級設置の認可を得、今日に及んでいるのである。」

　名古屋市立八事小学校及び川名中学校の分教場として発足し、授業を開始した。当初は、小学部1学級16名、中学部1学級16名、教員2名（3月に2名増、計4名）で、そのひとりが村田幸一であった。精神薄弱児のための経験要素表（試案）が作成され、当時としては非常に開拓的な実践が行われたと評価できる。1960年の精神薄弱児施設八事少年寮概要によると、学級も増加して、小学部59名、中学部33名、研究科17名の7学級109名編成の分教場になっている。

　1953年当時、名古屋市内に特殊学級は未設置であり、この付設学級が名古屋市で最初の特殊学級であった。それゆえに、これらの先駆的な取り組みはその後の名古屋市における障害児教育の指導的役割をもっていた（1954年度に名古屋市立幅下小学校と菊井中学校が開設された）。

　村田は、教師生活50年余の後半は精神薄弱児教育に集中し、真剣に取り組み始めたのは終戦後の1948年からであると述懐している。1947年に校長として本村小学校に転任し、翌年、川口勝次郎教務主任と樋口嘉子学級担任と共に、「どんな子も一律に大事にしなければ」「特殊即普遍」「人権と人間性尊重」という基本的な願いから、精神薄弱児教育の実践を経て方法を見出すことから始まったのである。

　当時の文部省の指導要領総則において精神薄弱児教育の目標は、児童生徒を社会生活に適応させ、自立的な生活を営むようにすることであった。また、文部省の見解を示す例として、『精神薄弱児講座』（全日本特殊教育連盟編、日本文化科学社）には次のような記載がある。

① 正常人が大多数を占めているから精薄児はハンディキャップを忍ばねばならない。
② 社会への生産的寄与能力を発揮しなければならない。
③ 社会生活に適応させ自立的生活を営むようにすることが目標である。

これに対して、村田は、当時の目標は「社会の現状肯定」でしかない

と考え、自分なりに新たな教育観を打ち出している。ここに村田の開拓的精神、意気ごみを読み取ることができると評価したい。

その教育観への根底的な考えは次の点にある。

① 権力者の支配する社会は常に自らに有利な者を利用し、それに相当しない無力者の不幸はあえて顧みない。

② 最も近い場所に位置している人々は、現場教師と精薄児の父兄である。にもかかわらずその人達が弱腰ではどうにもならないのである。

③ 人間存在の意義はひとり一人個人の希望に在るのか、それとも個人は社会生活の一員に過ぎない故に社会のためにあるのか。

特に戦後の日本国憲法に記された人権平等に注目して、個人としての人権は優秀者、欠陥者の間に差があるはずはないとしている。教育の根本のねらいをこの憲法の精神に則り、普通人の社会に阿る為の努力でなく、人間として為すべき最大の努力をなす事であるとして、その上で社会は高い場所から見下す意識を捨て、人間として平等の立場で温かく迎えてほしいとしている。

個人の人権の内容は、「単に生存すること」のみに止まらず、その生存は「幸福に生きる」ことを併せていなくてはならない。幸福な生き方の意味するものは「個性的能力の発揮」「自己実現」であると強調している。「人々によって異なる個性的能力の発揮」をするために、方途発見、方策、設備、指導方法などを考究し、卒業後の職場まで終生治療教育を促す課題を出している。具体的には、①個人別カルテの作成、②その中から個別指導の目標発見、③本人の満足する具体的仕事の設定、④その内容の実際指導の継続、⑤自立生活の営めるに足る収入を得るまでの技術的上達を掲げ、これらを充実させるがためには、小中学校の一貫、家庭との連携が喫緊事としている。

総じて、「社会生活に当然必要な社会性を可能な限り身につけさせる

一方、短刀直入に個性的能力の伸長をめざし、その面で果たせるだけの社会的貢献を為し得るよう育てること」を教育の方針としている。

　施設内学級の草創により教育と福祉の連携が実現したが、加藤校長と鈴木修学昭徳会理事長の興味深いエピソードを紹介しておく。IQ70以下の子どもたちを教育の対象としていたのである。「魯鈍」という程度から、別に境遇を作るための寮の必要性と、長所を見出して自活の道を考えねばならないので、小学校・中学校を寮内に設けて教育する意義を明らかにしている。また、1959年に東京で開かれた社会福祉事業の会議で職業教育の有効さを発表する中では、法華経の「真・善・美・聖」の精神で一生懸命働くことによって本当に立派な仕事ができると結んでいる。真とは真心を込めて仕事をすること、善とは真心を込めた働きであって良い人になるもとであること、美とは必ず美しい仕事ができて、人からほめられるようになり、喜びの生活ができること、聖とは智徳が優れずとも模範とされる人となり、世の中の人々より仰がれるようになり、楽しい生活ができてうれしいことである。

　また、村田は「精薄児対策専門委員会」（名古屋市立大学医学部、岸本鎌一教授を委員長、各層から約10名の委員で構成）のひとりとして、1959年に名古屋市内の小中学校の在学生（25小学校、IQ70以下548名、11中学校、IQ70以下101名）から抽出した原因別精薄児出現率についての実態調査を行った。分類項目は、精神薄弱の程度、内外因、近親婚・非近親婚、遺伝様式、外因、胎児期障害、出産時障害である。

【参考文献】
・　村田幸一『ある教師』、1971年、赤間関書房。
・　鈴木宗音『御開山上人御遺稿集』、1999年、日蓮宗法音寺。
・　西山茂、秦安雄、宇治谷義雄『福祉を築く－鈴木修学の信仰と福祉－』、 2005年、中央法規。

≪AJU自立の家と障害者運動≫

山 田 昭 義
(1942～)

　1968年、愛知県宝飯郡一宮町 (現在の豊川市) にある県最初の更生援
護施設の希全寮で、頚椎圧迫骨折による四肢麻痺の山田と下半身麻痺の
中村力が出会った。1970年代の名古屋市には、車いすで利用できるト
イレがどこにもなく、車いすの仲間たちと町に出たい、障害者が住みや
すい社会をつくりたいという願いを強く持っていた山田が中心になっ
て、身体障害者が名古屋で市民としての当たり前の生活を実現するため
の運動がはじまった。1973年には「愛知県重度障害者の生活をよくする
会」が設立され、同会の活動を通して「社会福祉法人AJU自立の家」が
設立された。

　同会の活動を支えたのは「愛の実行運動 (AJU)」というカトリック系
の団体であった。AJUは「人はみな兄弟」という教会の理念のもと、障
害があろうがなかろうが、みんな一つの市民運動として取り組んでいこ
うという考えで活動をしていた。当時、同会の側面的援助をしたのが日
本福祉大学教員の児島美都子と三笠宮寛仁であった。

　AJUグループは、1973年に「よくする会」が自己啓発、社会啓発 (各
種行事)、対市交渉・対県交渉、仲間づくり (月例会) を、1975年に「AJU
車いすセンター」が車いす無料貸出、社会啓発事業、自立生活体験室、
社会参加促進事業、福祉情報相談事業を、1984年に「AJUわだち作業所」
が重度障害者の働く場づくりを、1990年以降に「わだちコンピューター
ハウス」が働く場を、「サマリアハウス福祉ホーム」が生活の場を、「サ
マリアハウスデイセンター」が出会いの場を、「名古屋マック」が精神障
害者のデイケアを、「ピートハウス」がナイトケアを行い、活動を展開
した。

　こうした運動の中で山田が大切にしていたのが「ヴォランティアの三原則」である。それは、①本質的に自由であり、自主的である。②法規に先行し、経済に先行し、勇気をもって社会変革の主導的立場に立つ。③法規に支配されるのでなく、自分がこれを正しく誘導する。社会の不合理や不正に自発的に挑んでいくことを厭わない、である。ここからは社会を変えていく主役はヴォランティアであって、これは福祉活動そのものであるととらえていることが読み取れる。

　これらの運動の大きな成果として、人に優しい町づくりがあげられる。

　AJU 自立の家が名古屋市昭和区恵方町にできたことから、その界隈での地域の人々との触れ合いを始めとして、リフトバスの移動手段の確保、バリアフリーなど多くの生活改善が実現された。

　2002 年 10 月 15 日からは、DPI 世界会議札幌大会が開催されており、日本の会議議長であった山田は、「地球市民として世界の障害のある人々の権利の保障、人権の尊厳により生きがいのある社会、平和を築くことがすべての人の願いである」と訴え、「障害者の権利条約」制定への道に多大な貢献をしたと評価できる。

　障害者が地域で普通に暮らすという考えは、誰かから教わったものではなく、山田自身の体験から得た強い信念であったと言えよう。

【参考資料】
- 山田昭義『自立を選んだ障害者たち－愛知県重度障害者の生活をよくする会のあゆみ－』、1998 年、愛知書房。
- 障害学研究会中部部会『愛知の障害者運動－実践者たちが語る－』、2015 年、現代書館。

≪わが国初の聾唖学校教員≫

吉 川 金 造
(1871 ～ 1939)

　1871 年横浜市に生まれる。1883 年楽善会訓盲唖院に入学。小西信八に従い、伊澤修二の指導を受けて発音等を学ぶ。東京盲唖学校を卒業後、母校の助手となり、わが国初の聾唖教員となる。その後、豊橋盲唖学校、三重盲唖学校で教鞭をとった。聾者のための聾者による聾教育を実践した日本初の聾教師である。さらに、日本聾唖協会役員の仕事も積極的に行った。

　1891 年に吉川・高木慎之助・片桐貞吉の 3 名で東京盲唖学校唖生同窓会を設立し、1897 年から 1899 年にかけて吉川が第 4 代の同窓会の会長となる。1897 年 6 月 10 日発行の『唖生同窓會報告第 5 回』(吉川金造編・蒲田八郎発行者) の 14-15 ページには、「記念會ヲ視ス」と題して、「創業ヨリ以来本年マデ唖生同窓會創立発起人吉川・高木・片桐ノ三君ハ怠ラズ幹旋尽力セラレ」とある。

　翌年の 1900 年に豊橋へ移転し、視覚障害者も学ぶ豊橋盲唖学校へ赴任する。20 年近く教壇に立ったのち、1920 年には、新設され間もない三重盲唖学校に転任して、1931 年まで勤めた。

　吉川は、盲教育の教科書作成にも携わっていた。漢字と片仮名で構成された凸字書の、鍼按科の教科書である『療治之大概集』や邦楽を学ぶ生徒の必読書である『増訂撫箏雅譜集』の巻末に奥付がある。そこには製作者が明記され、ある一冊には「楽善会訓盲唖院唖生徒等製造」とあり、別の一冊にはより詳しく「高木慎一郎、吉川金造」らの実名が記されている。ちなみに、吉川は小西信八の秘蔵っ子であり、伴われて各地に赴き、発語や席書を披露し、盲唖教育の普及に貢献した。また、若き鳥居篤治郎が赴任した三重盲唖学校の先輩教員であり、着任の雑務など

親切に世話をしてくれたと鳥居が書き残している。

　伊澤修二、小西、吉川の3者の功績を挙げるとすれば、やはり視話法の普及を欠かすことができない。視話法は発音の際の口の開き方を図で示し、発音を習得させる方法で、電話を発明したアレキサンダー・グラハム・ベルの考案で、明治中期に伊澤や遠藤隆吉によって紹介された。伊澤の説明によると、視話法とは「人の口より発する音を耳で聴くことの代わりに目で視るのである。即ち話を視る方法である」（「視話法について」、1904年7月の講演会）。伊澤は、1886年に東京盲啞学校校長を兼任していた頃、初めて聾者の矯正を実践した。訓盲院かかりの小西が、伊澤から視話法を学び、日曜日ごとに訓盲院生徒であった古川を連れてきて、話せなかった古川が話せるようになったという逸話が残っている。

　加えて、わが国で聾学校を卒業した人で、初の聾啞者同士の結婚をしたこと、1893年にわが国で初めて聾啞者関係発行物を刊行したこと、今日の日本の手話の源を形成し、わが国で初のバイリンガル聾啞者であったこと、冷たい世間の差別と偏見に立ち向かい、人間として、教師として、凛とした態度で教育実践に当たり通したことでも知られている。

　豊橋聾学校正面玄関前にある豊橋聾学校創立百周年記念碑には上段右から2人目に吉川の名が刻まれている。豊橋聾学校の前身で、明治期に設立された拾石訓啞義塾を紹介しておく。1898年、製塩業で成功した木俣峯吉が、義娘かよのために宝飯郡塩津村大字拾石（現：蒲郡市捨石町）に設立した。初代塾長には、発起人のひとりで蒲郡高等小学校長も務めた成瀬文吾が就いた。

　成瀬は、設立にあたって東京盲啞学校へ赴いて教育方法を学んでいる。視覚障害者も対象としていた京都、東京の盲啞学校に次ぎ、聴覚障害者を専門にした国内初の学校であった。拾石訓啞義塾規則は「本塾ハ聾啞ノ子弟ヲシテ自立ノ道ヲ得サシムルヲ目的トス」に始まり、指導教科や

生徒に応じてきめ細かく指導するよう求めるものもあった。

　成瀬はその後1年半くらいで急死したため、塾は存続の危機に立たされたが、関係者の懸命の努力により、視覚障害者も学ぶ私立豊橋盲唖学校（豊橋市札木町板新道）として存続した。この学校に吉川は赴任したのである。

　1939年に転居先であった大津において67歳で死去した。

【参考文献】
- 市橋詮司『吉川金造伝－幻の名・聾教師－』、2011年9月21日刊行、自費出版。
- 愛知県立豊橋聾学校八十年史編集委員会『愛知県立豊橋聾学校八十年史』、1978年。
- 愛知県立豊橋聾学校創立百周年記念事業実行委員会『聴覚障害教師の嚆矢吉川金造先生』、1998年。
- 呉宏明「伊澤修二と視話法－楽石社の吃音矯正事業を中心に－」（『京都精華大学紀要』、第26号、pp.146-161、2004年）。
- 「聴覚障害教育郷土の先人に光」（朝日新聞2020年2月6日付）。

石川新吉・元塩津村長の証言で描かれた拾石訓啞義塾
（大村恭平氏の画、朝日新聞 2020 年 2 月 6 日）

≪ヘレンケラー講演に感銘、盲ろうあ児施設の開設≫

米山起努子
（不詳）

1948年、三重苦のヘレンケラーが来日した際、名古屋で講演を聞いていたのが、法人米山寮の創始者である米山起努子であった。米山は、ヘレンケラーの講演に大いに感銘を受けて、視覚・聴覚に障害のある子どもたちが生き生き暮らすことができる場所を作ろうと考え、私財を投じて、1950年4月20日に名鉄名古屋本線東岡崎駅より東へ徒歩10分ほどの緑豊かな小高い山、万燈山のふもと（現在の岡崎市明大寺町）に、盲聾唖児が生活する施設を開設した。当時、このような視覚や聴覚に障害のある子どもたちの入所施設は全国的にもたいへん珍しく、先駆的な事業と評価できる。

1954年2月12日に社会福祉法人として認可され、児童福祉法に基づいた盲聾唖児施設となった。その後、聴覚障害の部門を廃止すると同時に、地域の要請にこたえて、養護施設（現在の児童養護施設）を新設し、盲児施設と児童養護施設の2事業制へと展開することになった。定員は養護施設が45人、盲児施設が17人であった。

1987年ごろ、周辺開発の影響で大量の雨水が施設内に流入し、また地下水脈の変化によって地盤が緩み、建築構造物の老朽化が進んだこともあって、急傾斜地災害弱者関連施設に指定された。

さらに、1997年2月の地震により建築構造物に大きな亀裂が生じ、2001年2月の地震でより危険な状態となったため、同年6月、岡崎市洞町の岡崎東病院の厚意により、旧老人病棟に緊急避難して、2005年10月までの4年余りを一時移転していた。

同年10月22日に岡崎市洞町字八王子の広大な土地に、総事業費約11億1000万円をかけて、珍しい日本家屋スタイルの米山せきれいの郷

を竣工した。30日より児童養護施設のプティ・ヴィラージュ、盲児施設の米山寮の新しい暮らしが始まった。翌年の2006年4月からは乳児院のひよこハウス、2009年4月には洞町白羽根の1戸建を利用してプティ・ヴィラージュの分園ルミエールを開園し、運営を広げた。

　米山寮盲児部は、現在の状況では福祉型障害児入所施設であり、主として盲児を対象とする障害児施設である。中には、視力が全くなかったり、強度の弱視であったり、知的障害や聴覚障害、肢体不自由を併せもつ子どももいたりと多様な障害を抱えている子も対象としている。さらに、短期入所事業、日中一時支援事業も実施している。

　定員は17人、対象年齢は2～18歳である。3歳未満は寮内で療育を行い、3歳以上は岡崎盲学校に通学している。職員は合計16人となっている。

　米山寮の写真

　　（社会福祉法人 米山寮のサイトより）

　子どもは社会で育てる
米山寮は８０余名の子どもをお預かりする児童福祉施設として今日の社会情勢と要求をしっかり受けとめてまいります。「福祉型障害児入所施設」「児童養護施設」「乳児院」のそれぞれ施設の使命と特性に配慮し、子ども達の年齢段階に応じて心身あいまった成長・発達を見守り育んでいきます。そして保護者の皆様や地域社会との連携を深め、より一層の信頼をいただくとともに、「子どもは社会で育てる」という理念を広く伝えなければと切望しています。

≪愛知県特殊教育研究協議会の初代会長≫

脇 田 鋭 一
（不詳〜 1957）

　愛知県特殊教育研究協議会『愛知特殊教育 10 年のあゆみ』(1966 年刊行) の「脇田先生をしのんで」(当時の一宮市教育長の野村政光による著述) には以下の記載がある。

　脇田鋭一先生と私が初めて会ったのは、1948 年 11 月であった。先生は 1914 年愛知県第一師範学校を卒業し、今の江南市宮田小学校を振り出しに各地で教鞭をとられ、1947 年 4 月 1 日、一宮市宮西小学校長になられた。そのころ私は発足したばかりの一宮教育委員会事務局の学校教育課長に就任したので、先生と親しくするようになったのである。

　先生は明朗闊達にして博学多識、弁舌にも文筆にももともとすぐれておられた。1950 年、基礎学習についての研究指定を受け、新しい教育思潮から個人差に応じた教育について発表、翌 1951 年にはクラブ活動について研究し、個人の能力をできるかぎり伸長する教育について発表された。

　こうした中から、どの学校のどの学級にも、忘れられた児童がお客様の名のもとに、先生からも友だちからもおき忘れられていることが問題として取り上げられた。知能の低い子でも親にはかけがえのない大切な子であり、精薄児といえども人として生まれたからには社会に生きていかれるように育てることは教師の責務である。かくて 1952 年には普通学級における特殊児童をどう指導するかをテーマに研究され、翌年どんな指導法でも普通学級内では、その将来を期待することはできないという結論に達し、特殊学級を作るよう市教委に強く要望された。

　1954 年 4 月はじめて宮西小学校に特殊学級を開設、6 月 1 日授業を開始するや先生には驚く程の熱心さで、私もいっしょに名古屋市の菊井

中学校を参観、川崎教諭の指導を受けて、そのころ名古屋大学におられた岸本博士を何度も訪れ指導を仰いだ。そのとき博士は「精薄教育が取り上げられない都市は文化都市ではない」と強調されたことは今もって私にも忘れられないことである。

　また博士は、今後一宮の精薄教育については愛弟子の佐藤博士にすべてを相談せよと指示された。この佐藤博士は精神科の病院長で、一宮手をつなぐ親の会会長であり、本市特殊学級の校医として入級判別まで指導相談に協力をいただいている。

　1955年2月には、特殊教育研究懇談会を開いて、県市両教委の指定による特殊教育1ヵ年の歩みを発表し、この教育の重要性と啓蒙に熱意と努力を傾注した。このように脇田先生は本市特殊教育の創始者であるばかりでなく、現愛知県特殊教育研究協議会を結成し、初代会長として、この教育の基礎と発展に努力された大功労者である。

　先生は1956年3月、惜しまれつつ教育界を勇退されたが、林産業KKから招かれて働く少女のため、再び林高等家政学校の設立に当たられたが、不幸病魔に襲われ薬石効なく、1957年5月25日永眠された。愛知県特殊教育10周年記念を最も喜んでいただかなければならない先生がおられないのは誠に残念なことである。

【参考文献】
• 　愛知県特殊教育研究協議会『愛知特殊教育10年のあゆみ』、1966年。

資　料　編

資料1　児童の支援の歩み－戦後40年間の概観－

（出所：加藤俊二「児童相談所の『発達史』をどのように描写し得たか」、pp.59-60）

期	時期区分	特徴
前期	児童救済の時代　明治～昭和１０年代 児童保護の時代　終戦時	慈善事業の時代
第一期	児童福祉の幕開け昭和２３年～昭和３２年 （1）児童の人権法（児童福祉法）の制定と 　　啓発の時代 　　昭和２３年～昭和２６年 （2）児童福祉施設建設の時代 　　昭和２７年～昭和２８年 （3）親・里親・職親さがしの時代 　　昭和２９年～昭和３２年	戦災孤児（浮浪児）対策 を中心とした戦後処理 的性格の時代
第二期	児童福祉の展開（前期）昭和３３年～昭和４０年 （1）児童臨床の基礎づくりの時代 　　昭和３３年～昭和３６年 （2）経済成長と児童福祉の拮抗の時代 　　昭和３７年～昭和４０年	個別処遇への努力と心 理主義の時代
第三期	児童福祉の展開（中期）昭和４１年～昭和５４年 （1）心身障害児に光をあてる 　　昭和４１年～昭和４４年 （2）社会的参加・介入の時代 　　昭和４５年～昭和４６年 （3）児童相談所の整備・拡充の時代 　　昭和４７年～昭和５０年 （4）地域療育の発展 　　（施設処遇から在宅処遇への転換） 　　昭和５１年～昭和５２年 （5）地域に根ざした療育活動 　　昭和５３年～昭和５４年	障害児とその家族への 地域療育実践の時代 （地域生活指導的アプ ローチの萌芽と発展の 時代）
第四期	児童福祉の展開（後期）昭和５５年～昭和６２年 （1）福祉見直し論の中で 　　昭和５５年～昭和５６年 （2）地域住民の期待に応えて 　　昭和５７年～昭和５８年	地域療育実践の理論化 の時代 （障害児から非行児・登 校拒否児・養護児への アプローチへ発展）

（3）複雑化する児童問題に発達的視点の導入
　　　昭和５９年〜昭和６０年
（4）地方行革の中で
　　　昭和６１年
（5）続・地域住民の期待に応えて
　　　昭和６２年

資料2　名古屋・愛知の障害児・養護児支援年表

(出所：小川英彦『障害児教育福祉の地域史－名古屋・愛知を対象に－』、pp.130-135
再掲)

年(西暦)	障害児・養護児教育	障害児・養護児福祉	全国の動き
1945年		名古屋戦災孤児援護会の設立 名古屋市水上児童寮の再開 名古屋市新富町、則武町、直来町の各保育所の再開 名古屋市健民局を厚生局に改称 名古屋市豊川母子寮の設置 名古屋市中央、東勤労館保育部の再開 三河地震の発生	太平洋戦争終了 特殊学級はほとんど閉鎖 厚生省に社会局設置 戦災孤児等保護対策要綱の実施 GHQによる社会福祉体制
1946年		名古屋市本宿、横須賀各郊外学園の設立 愛知県民生委員連盟、名古屋市民生委員連盟に改称 名古屋市若松寮の設立 名古屋市保母養成所の設立 名古屋戦争孤児救護会の設立	日本国憲法の公布 大和田小学校に特殊学級の開設(東京) 生活保護法の公布 ララ物資救済の開始 民生委員法の公布 近江学園の開設(糸賀一雄) 厚生省社会局に援護課、児童課の設置
1947年		愛知県第一回共同募金運動の実施 名古屋市保育園規則の公布 愛知県立愛知少年教護院に鹿子寮の併設	児童福祉法の公布 ヘレンケラー女史の来日 全国孤児一斉調査 教育基本法、学校教育法の公布 学習指導要領の発行 品川区立大崎中学校分教場に特殊学級

			文部省初等教育課に特殊教育視学官が置かれる(三木安正) 厚生省に児童局の新設 第一回全国児童福祉大会の開催(東京)
1948年	愛知県教育委員会の発足 八事少年寮が昭徳会の経営に移される 旭白壁小学校の福祉教室の開設 (桑原博担任)	県の中央、豊橋、岡崎、一宮に児童相談所の設立 金城六華園の養護施設への変更 衆善会乳児院の設立 保母講習会の開催 名古屋市が里親制度の実施 名古屋市厚生局を保健福祉局と改称	児童福祉法施行令及び同施行規則の公布 児童福祉施設の最低基準の施行 民生委員が児童委員を兼務 盲聾唖児童の義務教育を規定 文部省の特殊教育講習会の開催 厚生省が母子手帳の配布開始 優生保護法の公布 少年法、少年院法の公布
1949年	菊井中学校の福祉学級の開設 (川崎昂担任)	蒲生会大和荘の設立 光輝寮の設立 豊橋平安荘の設立 愛知県社会事業団の設立 慈友学園の養護施設への変更 名古屋市武豊学童保養園を保健福祉局に移管	特殊教育研究連盟の結成 『精神遅滞児の教育』の刊行 日本精神薄弱者愛護協会の再建 GHQによる厚生行政の6原則の提示 身体障害者福祉法の公布
1950年	名古屋市の小学校で完全給食の開始	愛知県社会福祉協会の設立 愛知県社会福祉協議会の設立 第一回名古屋市民生委員、児童委員大会の開催 名古屋市各区に社会福祉事務所の設置	CIE、文部による特殊教育研究集会の開催 第二次米国教育使節団の来日、報告書 全国精神薄弱児施設長会議の開催 落穂寮が近江学園より分離 精神衛生法の公布

1951年		豊橋若草育成園の設立 機関紙『愛知の福祉』 の発行 第一回愛知県社会福祉 事業大会の開催 歳末たすけあい運動の 実施 名古屋市社会福祉協議 会の設立 名古屋市保護施設設置 条例の公布施行	日教組第1次教研大会で 特殊教育の分科会の設置 児童憲章の制定 社会事業法の公布 ホスピタリズム論争
1952年	市町村教育委員会の発 足 幅下小学校のゆり組の 開設(斎藤キク担任)	名古屋市乳児院の設置 名古屋市共同作業所の 設置 名古屋市「長欠児童を なくする運動」の第一 回打合会の開催	第一回全国特殊学級研究 協議会の開催(下関) 東京墨田区で特殊学級の 設置計画が始まる 文部省初等中等教育局に 特殊教育室の設置 義務教育費国庫負担法の 公布 第一回全国保育事業大会 の開催(島根) 精神薄弱児育成会の結成 大会 日本子供を守る会の設立 信楽寮が近江学園より分 離
1953年	愛知県長久手小学校に 特殊学級の開設	岡崎平和学園の設立 八楽児童寮の設立 一宮市立仲好寮の設立 衆善会幼児部の開設 明徳少女苑の開設	青鳥中学校の校外実習開 始 文部省次官通達「教育上特 別な取扱いを要する児童 生徒の判別基準について」 文部省の全国精神薄弱児 実態調査の実施 精神薄弱児対策基本要綱 の決定 全国児童福祉大会の開催 (愛知) あざみ寮、日向弘済学園 の開設

1954年	八事少年寮内に特殊学級が附設 （八事小学校、川名中学校の分 教場） 愛知県特殊教育研究会の発足（守山東中学校） 中部日本特殊教育研究集会（幅下小学校） 名古屋手をつなぐ親の会の結成	知多学園八波寮の設立 溢愛館の設立 伊勢湾台風罹災者の救援活動 名古屋市保育所保母現任訓練講習会の開催 名古屋市報徳母子寮の設置	文部省の特殊学級教員養成講習会の開催 中教審「養護学校義務制に関する財政措置について」答申 厚生省が養護施設運営要領を作成 精神薄弱児施設運営要領の作成 保育所入所の措置費の全国画一の徴収基準 学校給食法の公布施行 青少年保護育成運動の開始
1955年	青い鳥学園の設立 愛知県立青い鳥学園の設立 内山小学校、飯田小学校、松栄小学校、常磐小学校に特殊学級の開設 尾張・大志小学校、幡山中学校、三河・新川小学校に特殊学級の開設 県教委主催、特殊教育精薄部会研究集会の開催（飯田小学校） 愛知県特殊学級連絡研究会の発足、総会の開催（幅下小学校） 特殊教育研究発表会の開催（一宮・宮西小学校）	名古屋市千種母子寮の設置 名古屋市虚弱児対象のひばり荘の発足 愛知県立大幸母子寮の設置	第一回日本母親大会の開催 文部省、厚生省、労働省が不就学、長欠児童生徒対策要綱の発表
1956年	名古屋市担任者会並びに総会の開催（守山東中学校） 公開授業、研究発表会（幅下小学校）	名古屋市児童相談所の設立 名古屋市児童福祉法施行細則の公布	文部省初等特殊教育課の設置 公立養護学校整備特別措置法の公布

	研究集録第一集の発行（飯田小学校） 東白壁小学校、橘小学校、白鳥小学校に特殊学級の開設 手をつなぐ親の会による施設、特殊学級の増設陳情 愛知県特殊学級連絡研究会の発足 県特殊教育研究集会（一宮・宮西小学校・田村一二の講演） 研究発表会（瀬戸・幡山中学校）	名古屋市児童相談所条例の公布 名古屋市民生局に児童課の設置 名古屋市児童福祉審議会の設置	特殊教育指導者養成講座の開始 昭和30年度特殊教育（精薄）研究指定校の発表 子どもの日及び児童福祉週間運動の実施 共同募金10周年記念全国社会福祉事業大会の開催（東京）
1957年	愛知県・名古屋市の合同研究会の開催（瑞穂小学校） 研究集録の第二集の発行（内山小学校） 山下清展協賛のための作品を出品（オリエンタル中村） 授業参観・研究会（松栄小学校） 授業参観・研究会（一宮・大志小学校） 実演授業・研究発表（碧南・新川小学校） 研究発表（幡山中学校） 名古屋市立みどり学園の開園（知的障害児通園施設）	養蓮学園の設立（1983年廃止） 子供を守る会の発足 名古屋市保育所規則の公布 名古屋市身体障害者福祉法施行細則の公布	盲学校、聾学校及び養護学校の幼稚部及び高等部における学校給食に関する法律の公布施行 青鳥養護学校の開設 精薄児特殊学級の実態調査 精神薄弱児通園施設の設置

1958年	総会で会則の一部変更(幅下小学校) 研究集録の第三集の発行(幅下小学校) このころより、名古屋市の特殊学級数の増加 県特殊教育研究集会(碧南・新川小学校と一宮・北部中学校) 授業参観と研究協議会(一宮・北部中学校) 近江学園、落穂寮、あざみ寮の見学	暁学園の設立	学校保健法の成立 学校教育法施行規則の一部改正 国立精神薄弱児施設の秩父学園の開設 重症心身障害児対策委員会の発足 国民健康保健法の公布 身体障害者雇用促進法の公布
1959年	総会で研究組織の変更(幅下小学校) 伊勢湾台風被害のため地区別研究活動の中止 特殊教育講習会の開催(文部省辻村泰男、白鳥小学校) 研究集録の第四集の発行(幅下小学校) 大阪府研究会の訪問参観(亀島 小学校、菊井中学校) 名古屋市教育委員会主催で精神薄弱対策協議会の開催 実演授業・研究発表会(守山東中学校) 実演授業・研究発表会(西加茂・青木小学校)	伊勢湾台風で被災児童	学校保健法による知能検査の開始 中教審に「特殊教育の振興について」答申 文部省の精神薄弱教育講座の開催 精神薄弱問題懇談会の発足 児童権利宣言の採択 共同募金倍加運動の実施、歳末たすけあい運動の一元化

資料3　昭徳会の歩み

（出所:昭徳会のホームページ）

年	事項
1912（明治45）年	杉山辰子が法華経の本義に則り、慈悲、至誠、堪忍の精神を根底に置き、宗教活動と救済活動を行うため、仏教感化救済会を創設し、貧民の救済並びに施療等の事業を開始。「育児院」を設置し、孤児、貧児、被虐待児らを養護
1915（大正4）年	杉山会長、東京巣鴨の「ライ病」治療専門病院に出向し、1年間にわたり物質的、精神的援助を実施
1917（大正6）年	名古屋市東区に病舎を建設し、「ライ病」患者を対象
1918（大正7）年	杉山会長、静岡県御殿場の復生病院に出向し、「ライ病」救済に貢献
1928（昭和3）年	生の松原の「ライ病療養所」にて救済活動に尽力
1930（昭和5）年	生の松原の「ライ病療養所」を身延・深敬病院に委譲
1932（昭和7）年	社会事業施設「千種寮」を開設、虐待児及び「ライ病」患者を対象 杉山辰子会長逝去 組織強化のため教化部門を「大乗修養団」に、社会事業部門を「大乗報恩会」に改組
1934（昭和9）年	大乗報恩会、財団法人設立認可を受けて改組、理事長村上斎 「育児院」を廃止し、養護施設「明徳寮」を開設
1936（昭和11）年	大乗報恩会本部事務所を駒方町に移転、併せて寮舎を建設し「千種寮」と「明徳寮」を統合して「駒方寮」と命名のうえ開設
1937（昭和12）年	保育所「駒方保育園」を開設
1939（昭和14）年	「駒方診療所」を開設
1944（昭和19）年	財団法人大乗報恩会を財団法人昭徳会と改称
1946（昭和21）年	明治24年以来「仏教慈悲会」により運営されていた「名古屋養育院」の事業・経営を継承
1947（昭和22）年	村上斎理事長逝去に伴い、鈴木修学が理事長に就任 日蓮宗昭徳教会（現在:宗教法人法音寺）設立
1949（昭和24）年	昭和12年以来、名古屋大学教授杉田直樹博士によって運営されてきた知的障害児施設「八事少年寮」の事業・経営を継承
1950（昭和25）年	保育所「光徳寺保育園」を開設

1952（昭和27）年	社会福祉事業法の施行に伴い、財団法人から社会福祉法人へ改組 司法保護施設「光明寮」を開設
1953（昭和28）年	「光明寮」を養護施設に切り替え 姉妹法人の学校法人法音寺学園設立、中部社会事業短期大学（現在：日本福祉大学）を開学
1958（昭和33）年	「光明寮」を知的障害児施設に切り替え
1962（昭和37）年	鈴木修学理事長逝去に伴い、鈴木宗音が理事長に就任
1965（昭和40）年	「八事少年寮」と「光明寮」を統合し「三好学園」を開設
1966（昭和41）年	昭徳会本部、駒方診療所、駒方寮を移転、新築
1967（昭和42）年	名古屋養育院を新築
1971（昭和46）年	光徳寺保育園を新築
1981（昭和56）年	知的障害者更生施設「三好寮」を開設

資料4　昭和60年までに設立された児童養護施設

（出所 :長谷川眞人『児童養護施設の子どもたちはいま－過去・現在・未来を語る－』
pp.142-161）

年	設立の児童養護施設名	事項・背景
①明治期に設立された施設		
1886年 （明治19年）	愛知育児院 （南山寮の前身）	愛知県最初の育児事業を開始。森井清八と賛同する仏教各宗派の協力で設立。喜捨箱の設置や小舎制を採用。1963年に南山寮に改称。
1900年 （明治33年）	名古屋養老育児院 （名古屋養育院の前身）	1891年の濃尾大震災による難民救済組織の慈悲会に始まり、養老育児事業する。1920年に名古屋養育院と改称し児童施設となる。
	豊橋育児院 （中央有燐学院の前身）	仏教各派と三河部郡町村によって設立。1921年に豊橋有燐財団育児部、1933年に中央有燐学院に改称。
②大正期に設立された施設		
1919年 （大正8年）	慈友学園	名古屋市内浄土宗寺院住職と檀信徒を糾合して設立。慈友会による少年保護事業を開始。後に養護施設となる。 共生運動して社会改造問題に対処。
③昭和初期から昭和20年以前（戦前）までに設立された施設		
1929年 （昭和4年）	聖園天使園	聖心の布教会修道女が創設され、各種社会福祉、医療、教育事業を全国で行ってきたが名古屋市熱田区で設立展開。1938年に緑区鳴海町に移転。
	名広愛児園	長谷川よ志ゑが天理教の信仰から、幼児を対象とした施設。孤児・生活困窮の子弟の預かり養育から1934年には救護法による養護事業を併設。
1930年 （昭和5年）	名古屋市若葉寮	病者と恵まれない児童を混合収容していた東山寮から、1940年に寮舎を新設して児童の保護育成の単独施設となる。
1932年 （昭和7年）	和進館	青少年修養鍊成道場として設立。眼科診療、職業補導、思想善導指導、保護救済事業等を実施。1947年保育所開園、1951年養護施設認可。

1934年 (昭和9年)	女子那爛陀苑 (那爛陀学苑の前身)	真宗高田派万福寺の境内に司法少年保護所として開設。少年審判所から送致された少女を対象。1949年の少年法改正により養護施設に変更。
	金城六華園	本派本願寺名古屋別院婦人仏教会の活動によって、司法保護施設として設立。
	昭徳寮 (駒方寮の前身)	日蓮宗法音寺が仏教の本義に則り慈悲・至誠・堪忍を基に社会教化と救済事業を行う。千種寮と併合して駒方寮に1948年に養護施設として出発。
1939年 (昭和14年)	野間郊外学園 (名古屋市若松寮の前身)	名古屋市学童海浜聚楽学園として知多半島に設立。のち野間、横須賀郊外学園が合併して養護施設の名古屋市若松寮となる。
④昭和20年以降(戦後)に設立された施設		
1949年 (昭和24年)	蒲生会大和荘	名広愛児園の園長夫妻の力により、名広愛児園の分園として発足。敗戦直後の混乱期で、食糧不足、戦災孤児の増加で児童施設の必要性があった。
	光輝寮	創立者神谷常俊師が修行僧当時より、感化院入所者に対し教化指導され、戦争犠牲者である浮浪児が巷に溢れるのをみて一念発起して設立。
	豊橋平安寮	青山笑子寮長が戦後の不幸な子をみて、心身共に健やかに育成されるように、戦前に旅館であった古い建物をそのまま利用して設立。
1951年 (昭和26年)	豊橋若草育成園	慢性的な住宅難や生活困窮者の増大で要保護児童の施設が不足していたため、豊橋第二陸軍予備士官学校の兵舎、将校集会所を転用して設立。
1953年 (昭和28年)	岡崎平和学園	初代理事長が刑余者の更生施設を運営する中、対象者の多くが少年期に家庭的に恵まれていなかったことから、児童施設の少ない三河地方に設立。
	八楽児童寮	初代理事長の太田順一郎が戦後復興の中で、教員生活にピリオドを打ち、戦災孤児のため私財を投じて設立。特に小舎制養護に力を入れた。
	一宮市立仲好寮	一宮市が公立の施設として、恵まれない児童の環境を調整し、児童が社会の健全な一員として独立できるよう育成することを目的に設立。

154

1954年 (昭和29年)	知多学園八波寮	保護団体知多学園に奉職していた金光教常滑協会会長が、戦災孤児や非行児が一旦悪に染まったら更生が難しいことを悟り幼児の施設を設立。
	溢愛館	カナダの宣教師 D・G・ウォーレンが戦後の日本の児童の窮状を聞き、家族と共に来日して、地元の支援を受けて設立。
1958年 (昭和33年)	暁学園	創立者である山中理事長が積善会を組織して、神道の精神によって私財を投げうって知多半島北部の高横須賀町に設立。
1963年 (昭和38年)	米山寮	米山起努子が 1947年来日のヘレンケラーに感激し、私財を投じて聾唖児施設を開設。のちに養護施設や乳児院も開設して盲養両施設を経営する。
1967年 (昭和42年)	照光愛育園	人口の都市集中で幼児が急増した頃、慈友学園に奉職していた理事長が、西尾張は福祉施設が皆無だったので、幼児の養護施設に私財を投じて設立。
1975年 (昭和50年)	知多学園松籟荘	オイルショックの影響で、高度経済成長が一挙に低成長になっていった社会情勢を反映した急増する不遇な児童のために設立。
1983年 (昭和58年)	晴光学園	以前の施設であった養蓮学園が手狭になり、暗い木造園舎の老朽化に伴い、廃止されたため新たな組織として設立。
1985年 (昭和60年)	名古屋文化キンダーホルト	学校法人名古屋文化学園が、社会福祉法人名古屋文化福祉会を設立。健全な育成をはかるために社会の責任、将来の社会人への育成に力を入れる。

参考となる図書
〈　教育分野と福祉分野における人物史　〉

- 東洋館出版社編集部編『近代日本の教育を育てた人びと（上）（下）』、1965 年、東洋館出版社。
- 吉田久一著『人物でつづる近代社会事業の歩み』、1971 年、全国社会福祉協議会。
- 五味百合子編著『社会事業に生きた女性たち－その生涯としごと－』、1973 年、ドメス出版。
- 社会事業史研究会（後、社会事業史学会）編『社会事業史研究　第 12 号』、1984 年、不二出版。
- 唐沢富太郎編『図説教育人物事典（上）（中）（下）』、1984 年、ぎょうせい。
- 千葉県社会事業史研究会／代表・長谷川匡俊編著『人物でつづる千葉県社会福祉事業のあゆみ』、1985 年、崙書房。
- 精神薄弱問題史研究会／藤島岳、大井清吉、清水寛、津曲裕次、松矢勝宏、北沢清司編著『人物でつづる障害者教育史〈日本編〉』、1988 年、日本文化科学社。
- 精神薄弱問題史研究会／藤島岳、大井清吉、清水寛、津曲裕次、松矢勝宏、北沢清司編著『人物でつづる障害者教育史〈世界編〉』、1988 年、日本文化科学社。
- 田代国次郎、菊池正治編著『日本社会福祉人物史（上）（下）』、1989 年、相川書房。
- 川合章著『日本の教育遺産－真実を求める教師たち－』、1993 年、新日本出版社。
- 社会事業史研究会（後、社会事業史学会）編『社会事業史研究　第 21 号』、1993 年、大空社。
- 山本龍生著『教育人物史話－江戸・明治・大正・昭和の教育者たち－』、1997 年、日本教育新聞社出版局。

156

- 『シリーズ　福祉に生きる』、1998 年〜、大空社。
- 『社会福祉人名資料辞典　第 1 巻・第 2 巻・第 3 巻・第 4 巻』、2003 年、日本図書センター。
- 室田保夫編著『人物でよむ近代日本社会福祉のあゆみ』、2006 年、ミネルヴァ書房。
- 本田久市著『福祉は人なり　福島県社会福祉人物史抄』、2007 年、歴春ふくしま文庫。
- 滋賀県教育史研究会編『近代滋賀の教育人物史』、2018 年、サンライズ出版。
- 室田保夫編著『人物でよむ社会福祉の思想と理論』、2010 年、ミネルヴァ書房。
- 小川英彦著『障害児教育福祉の歴史－先駆的実践者の検証－』、2014 年、三学出版。
- 小川英彦著『障害児教育福祉史の人物－保育・教育・福祉・医療で支える－』、2020 年、三学出版。

あとがき

　本書は、愛知といった地域で、障害児（者）に懸命に努力した、教育、福祉、医療、心理、保育といったそれぞれの専門領域における支援を先駆的、献身的に実践をおこなったパイオニアを取り上げてみた。

　障害児教育福祉は歴史的営為であって、現在の仕組みを創造できた源には、貴重な開拓的・オリジナルな実践があった。時代を超えて示される人間の支援、教育・福祉・医療などで障害児（者）を支える共通の意義について、再度深く見つめ直すことも必要であろう。今回の人物史の調査を通して、以上の専門領域が共通に存在しなければならない特質、それは「発達保障」「幸福追求」というキーワードにあるのではないかということを考えさせられた。

　筆者は、約40年の間、一歩ずつではあるが障害児教育福祉史の研究を継続することができた。ささやかな研究の一端ではあるが、一応、歴史とは過去との対話を通した未来への遺産継承の営みであると考えている。それゆえに、先駆的実践者の記録（資料や証言など）が、過去と現在を、さらに現代と将来を結ぶ重要な架け橋になっているといえよう。

　歴史研究が、どの学問分野においても基礎研究として位置づいていることは周知のことである。障害児教育福祉においても、現状を分析し、評価し、今後の展望を構築していくためには、過去の経緯に熟知することは不可欠のことと思われる。基礎ゆえに地道な所があり、ややこの分野をこれから手がけていこうとする若手研究者が少なくなっているのが残念である。先輩となる我々の立場からこれからを担っていく研究者を育てなければならないという課題をもっている。

　地域史研究を推し進めようとする時、それぞれの時代で、それぞれの地域で、まだ調査する人物がいることは承知している。本書は、いわば分厚い鉱脈のほんの先端、障害児教育福祉遺産のほんの断片にふれたに

すぎない。また、記述の上でも、各ページの統一がとれているとは限らない。お許しいただきたい。

　今回の人物史研究においても、各人のページ末に紹介した参考文献を入手するまでの資料の調査及び収集に苦慮した。と同時に、その時間を費やす楽しみ・おもしろみを感じるようになってきている。歴史研究の醍醐味なのかもしれない。加えて、本書の作業を通して、地域に埋没している資料はまだまだあることを再認識させられた。筆者の浅学とこれからの資料発掘・整理と新たな研究着手への課題である。地域研究という地味さ・地道さゆえに、これまでほとんど研究が散在してまとまっていなかったかもしれないが、今回の研究のオリジナリティ・方向づけを少しではあるが提示できたのではないかと感じた。

　地域史研究からの発信こそ大切にしたい。まずはそれぞれの地域の実態解明があって、次にその蓄積の上で全国の実態解明に至るという発想こそ重視したいと改めて考えさせられた。一気にきれいな花が咲くのを求めるのではなく、しっかりとじっくりと根をはり、大木に育つがごとくの発想であろう。

　末尾になったが、筆者を歴史研究へと道をひらいてくださった愛知教育大学大学院時代の恩師であった故田中勝文先生の研究と教育への厳しさと優しさがあったからこそ、今日まで研究を行うことができた。学問を愛し、学生を愛し、酒を愛した恩師であった。

　そして、現在は社会事業史学会、日本特殊教育学会、愛知社会福祉史研究会、かつて存在していた精神薄弱問題史研究会、精神薄弱者施設史研究会という学びの場で多くの先輩と後輩との交流があったことを附記しておきたい。感謝の気持ちでいっぱいである。

　三学出版からはこれまでに以下の拙著を継続して刊行させていただいた。

- 『障害児教育福祉の歴史－先駆的実践者の検証－』（2014 年）
- 『障害児教育福祉史の記録－アーカイブスの活用へ－』（2016 年）
- 『障害児教育福祉の地域史－名古屋・愛知を対象に－』（2018 年）
- 『障害児教育福祉の通史－名古屋の学校・施設の歩み－』（2019 年）
- 『障害児教育福祉史の資料集成－戦前の劣等児・精神薄弱児教育－』（2020 年）
- 『障害児教育福祉史の人物－保育・教育・福祉・医療で支える－』（2020 年）

　順に各書のキーワードは、「人物」「記録」「地域」「通史」「集成」「連携」であった。このように継続して刊行できたのは、中桐和弥様の根気強い励ましと温かい支えがあったからである。数年来、筆者のわがまま言っての刊行に協力してくださった。ここにも同行者に出会えた思いである。

　2021 年 3 月には、出身大学である国立大学法人の愛知教育大学を定年退職した。教員歴が約 40 年である。加えて、同年 4 月 1 日付で同大学名誉教授の称号を授与された（「称号記」（第 362 号））。この間お世話になった母校の愛教大と関係のあった先生方にこの場を借りてお礼申し上げたい。その関係者と卒業した多くの院生やゼミ生たちに拙著刊行のたびに恵存・謹呈させていただいた。大学に勤める「研究者」「教育者」として研究と教育の両分野を蓄積・継続できたのも、周りで支えてくれた方のおかげであった。長年にわたって人との繋がりこそ大事にしてきたので実現できつつある刊行なのかもしれない。ありがたみを感じている。

愛知教育大学名誉教授
至学館大学教授
小川　英彦

事項・人物索引

168

小川　英彦　障害児教育福祉史シリーズ

〈2014 年 5 月刊行〉

障害児教育福祉の歴史

— 　先駆的実践者の検証　 —

　　障害児の教育と福祉分野における人物史研究である。

　　明治期から昭和期にかけてより広範な時期を対象にして各々の実践が生み出される社会背景や成立要因、実践の根本的な思想を明確にしようとした。また歴史研究において何よりも大切な資料の発掘を行った。

　　①石井亮一、②小林佐源治、③杉田直樹、④近藤益雄、⑤小林提樹、⑥三木安正の 6 人の先駆的実践者を研究対象とした。

ISBN978-4-903520-87-2　C3036　A5 判　並製　129 頁　本体 1800 円

〈2016 年 12 月刊行〉

障害児教育福祉史の記録

— 　アーカイブスの活用へ　 —

　　障害児の教育と福祉の両分野を対象にして重要と思われる資料の発掘、整理、保存を行った。

　　副題にもなっているとおり、アーカイブスとして未来に伝達し活用されることを目的とした。後世の研究発展の一助になればという思いがある。

　　戦前における障害者福祉文献整理や障害児保育文献整理などを所収した。

ISBN978-4-908877-05-6　C3036　A5 判　並製　197 頁　本体 2300 円

〈2018 年 8 月刊行〉

障害児教育福祉の地域史

— 名古屋・愛知を対象に —

名古屋・愛知という地域での実践の歩みを追究した。

先行研究の一覧、文献目録、年表等の資料を数多く含んでいる。戦前・戦後の連続性、実践の根底に貧困問題があること、児童福祉法制定の精神の貫徹等、実践の特徴を明らかにすることができた。

名古屋市個別學級、愛知県児童研究所、八事少年寮、戦後初期の精神薄弱児学級などを研究対象とした。

ISBN978-4-908877-22-3　C3036　A5 判　並製　141 頁　本体 2300 円

〈2019 年 3 月刊行〉

障害児教育福祉の通史

— 名古屋の学校・施設の歩み —

ある特定の時代に限定するのではなく、全時代にわたって時代の流れを追って書かいた通史である。

国の施策・行政動向の中での名古屋の位置づけ、名古屋ならではの実践の特徴、障害児(者)のライフステージを意識した視点を大切にしたいという思いで執筆した。①明治・大正を通して(萌芽)、② 1950 年代以降を通して(展開)、③ 1970 年代以降を通して(拡充)、④ 2000 年代以降を通して(展望)、という時期区分により記述している。

名古屋を中心に残存している資料の発掘、保存に努め、それを整理・総括している。

ISBN978-4-908877-23-0　C3036　A5 判　並製　156 頁　本体 2300 円

〈2020 年 3 月刊行〉

障害児教育福祉史の資料集成

— 戦前の劣等児・精神薄弱児教育 —

　近年はインクルージョンという理念が叫ばれているように、障害児に関係する地域における支援システムが構築されつつある。こうした変化をもたらしたのも、全国各地の学校（学級）において、対象児と支援者の互いの関係が次第に積み上げられたからである。それゆえに、本書では上記の資料を、県や市ごとに代表的に実践された障害児教育の試みに注目して集成した。

　わが国の障害児教育は、「特殊教育」から「特別支援教育」へと大きく変化してきている。変化する時代であるほど、歴史を紐解き、先駆的実践者の苦労した業績に学びながら、将来を展望することが重要になってくることを、「温故知新」の意義を読者の皆様と確認できればと考えさせられる。

ISBN978-4-908877-30-8　C3036　A5 判　並製　224 頁　本体 2300 円

〈2020 年 9 月刊行〉

障害児教育福祉史の人物

— 保育・教育・福祉・医療で支える —

　保育からの支えでは生活に参与した津守真、教育からの支えでは戦後の障害児教育の実践記録、1970 年代から 80 年代の民間教育研究団体での実践記録から幾人の先駆者、貧民学校創始者の坂本龍乃輔、医療からの支えではハンセン病隔離に抗した小笠原登、児童精神医学を樹立した堀要などを取り上げた。コラムには、三木安正、小林提樹、糸賀一雄の活動の概要を紹介した。血の滲むような苦労をしながら開拓していく姿を読み取ることができよう。

ISBN978-4-908877-33-9　C3036　A5 判　並製　224 頁　本体 2300 円

小川英彦（おがわ　ひでひこ）

1957年　名古屋市生まれ
1983年〜名古屋市立の特別支援学級、特別支援学校（教諭）
1996年〜岡崎女子短期大学（講師）
2003年〜愛知教育大学（助教授）
2006年〜2021年　愛知教育大学（教授）
2012年〜2014年　愛知教育大学附属幼稚園（園長兼任）
2021年　愛知教育大学（名誉教授）
2021年　至学館大学（教授）
＊　同朋大学大学院、修文大学短期大学部非常勤講師

歴史研究書の共著・単著
『障害者教育・福祉の先駆者たち』（共著、麗澤大学出版会、2006年）
『名古屋教育史Ⅰ　近代教育の成立と展開』（共著、名古屋市教育委員会、2013年）
『名古屋教育史Ⅱ　教育の拡充と変容』（共著、名古屋市教育委員会、2014年）
『障害児教育福祉の歴史－先駆的実践者の検証－』（単著、三学出版、2014年）
『名古屋教育史Ⅲ　名古屋の発展と新しい教育』（共著、名古屋市教育委員会、2015年）
『名古屋教育史資料編　資料でたどる名古屋の教育』（共著、名古屋市教育委員会、2016年、DVD）
『障害児教育福祉史の記録－アーカイブスの活用へ－』（単著、三学出版、2016年）
『障害児教育福祉の地域史－名古屋・愛知を対象に－』（単著、三学出版、2018年）
『障害児教育福祉の通史－名古屋の学校・施設の歩み－』（単著、三学出版、2019年）
『障害児教育福祉史の資料集成－戦前の劣等児・精神薄弱児教育－』（単著、三学出版、2020年）
『障害児教育福祉史の人物－保育・教育・福祉・医療で支える－』（単著、三学出版、2020年）

障害児教育福祉史研究発表の学会及び研究会
社会事業史学会、日本特殊教育学会、愛知社会福祉史研究会、精神薄弱問題史研究会、
特別支援教育実践研究学会

障害児教育福祉史の偉人伝
—— 愛知の障害児者支援への尽力 ——

2021年7月10日初版印刷
2021年7月15日初版発行

著　者　小川英彦
発行者　中桐十糸子
発行所　三学出版有限会社

〒520-0835 滋賀県大津市別保3丁目3-57 別保ビル3階
TEL 077-536-5403　FAX 077-536-5404
https://sangakusyuppan.com/

亜細亜印刷(株)印刷・製本